Mémoires d'hOMme

Marseille, Tapie, les grands soirs.

Basile Boli

Avec la collaboration de Jean-Marie Lanoë

Mémoires d'hOMme

Marseille, Tapie, les grands soirs.

FIRST
ÉDITIONS

ISBN : 978-2-412-08115-0

Dépôt légal : septembre 2022
Imprimé en France par Normandie Roto Impression (2203522)

Mise en pages : Fabrice Del Rio Ruiz
Relecture et correction : Odile Raoul
Accompagnement éditorial : Joséphine de Wispelaere

Éditions First, un département d'Édi8
92, avenue de France
75012 Paris – France
Tél. : 01 44 16 09 00
Fax : 01 44 16 09 01
E-mail : firstinfo@efirst.com
Site Internet : www.editionsfirst.fr

À Sophie Tapie,
pour la fille qu'elle est

Sommaire

1. Deux églises, un Boss 9

2. « T'es pas bon, t'es pas beau, t'es pas élégant » 15

3. Sous les javelots, la plage 27

4. Die Folklore 35

5. Surtout Chris... 43

6. Marsiho 59

7. En ville 67

8. La Major devenue stade 81

9. Valses à Milan 89

10. Don't Dream It's Over 97

11. Frères de sang 103

12. Pape et papiers ... 111

13. Paris, mon meilleur ennemi ... 119

14. À jamais les premiers ... 127

15. Trois styles de Tapie ... 147

16. Comment ça VA ? ... 159

17. Rab de Rap ... 171

18. Désenchantements ... 177

19. Jubilons ! ... 185

20. JAM : Japon-Afrique-Marseille ... 193

21. Douloureux rapprochement ... 203

22. Ballons de rêve ... 209

Épilogue ... 217

1

Deux églises, un Boss

Je suis en défense, à l'arrière du cercueil, et Jean-Pierre est devant. Comme du temps de l'OM, sur le terrain. On vient de sortir de l'église Saint-Germain. Il paraît que c'est la plus vieille de Paris ! Troisième fois que j'y vais ; avant, c'était pour des copains du quartier. Mais là…

Comme le Boss est lourd, dans cette putain de caisse en bois sur laquelle mes mains ne trouvent pas prise ! Hum, qu'est ce qui me prend ? Mes pensées vagabondent dangereusement. Je suis anéanti. Oui : anéanti. C'est pour ça que je suis arrivé tout à l'heure bien avant la messe, préférant faire une halte tout près, au Bar de la Croix Rouge, tenu par un copain à moi. Je ne voulais pas rappliquer avec tout le monde. Je suis moins collectif dans ces funestes instants que jadis sur un terrain. Pour la mort de Tapie, je redeviens le défenseur qui pratique l'individuelle… Et quand j'en sors pour assister à l'office, sur qui je tombe, là, juste devant moi ? Gégé ! Gérard. Le cuisinier sénégalais du *Phocéa*, quand le Boss en était, en quelque sorte, le capitaine. Trente ans qu'on ne s'était pas vu ! On s'est embrassé et on est allé ensemble à l'église. Ça m'a remonté le moral. Les enterrements réservent souvent ce genre de surprises, de retrouvailles, comme pour apaiser la douleur, la reléguer un peu plus loin.

Je ne suis pas fan des messes. J'y assiste parfois, rue du Bac, avec mes sœurs qui sont catholiques et très croyantes, histoire d'avoir une pensée profonde et partagée pour notre mère. Ici, le protocole a été bien fait. Certains de ceux qui transporteraient le cercueil à la sortie ont été placés devant. Rachida Dati est à ma gauche, Jean-Pierre Papin à ma droite. Sarkozy et Brigitte Macron sont devant Claude Guéant et nous. Je vois aussi que toute la « famille » du foot est là, avec Jean-Michel Aulas et Frédéric Thiriez… Il fallait bien quelqu'un de la trempe du Boss pour faire cohabiter deux ex-adversaires. Je souris quand même intérieurement. Les enterrements réunissent souvent les extrémités… le temps d'une trêve. La trêve des morts.

Ouf, c'est fini. Je suis noué. Dehors, sous un beau soleil d'automne, des gens crient « Merci le Boss » et applaudissent. Cette ferveur me fait tout à coup pleurer ; je m'effondre dans les bras de JPP. C'est comme si Marseille, trente ans plus tôt, venait d'encaisser trois buts coup sur coup par ma faute : je suis K.-O., effaré, hébété. « Les larmes ne se voient pas sous la pluie », dit un proverbe bambara, un peu de chez moi. Et il fait beau… De toute façon, depuis une semaine, elles me viennent à tout bout de champ. Quand Stéphane, un de ses deux fils – celui né de son premier mariage avec Michèle Layec – m'a prévenu jeudi dernier de l'imminence de son décès, je suis allé le voir le lendemain pour l'embrasser une toute dernière fois. Et trois jours plus tard, il n'est plus… C'est dur. Il était allongé dans sa chambre, bien moins constellé d'une myriade de tuyaux et de perfusions que la semaine d'avant. Comme si on l'avait allégé en prévision de ; comme si on s'était résigné à. Sa fille Sophie était là, accueillant les visiteurs avec son chien. Elle a toujours été présente, stoïque, si courageuse. Admirable. Quand je pense que je l'ai connue toute petite et que je la vois là, maintenant, si digne, merveilleusement adulte… Les années passent si vite… C'est elle qui m'appellera pour m'annoncer la terrible et définitive nouvelle. Mais une fois de plus, elle saura trouver les mots. Elle aura veillé son père jusqu'à la fin, lui donnant en quelque sorte le tempo afin qu'il parvienne jusqu'au bout à s'exprimer malgré la douleur, malgré l'inéluctable. Quand je l'ai vu pour la toute dernière fois, je n'ai pu retenir mes pleurs et Bernard m'a murmuré de ne pas m'apitoyer. Il m'a alors soufflé à l'oreille : « Ils m'ont tué il y a quatre ans, mais je suis encore là ! » Quel enragé de la vie ! Quelle pugnacité ! Et dieu, ce bisou partagé, comme je le ressens encore… C'est que j'avais un lien à vie avec le Boss. J'y pensais si fort, à ce lien, qu'en marchant, parti de son domicile rue des Saints-Pères, je suis passé au Lutetia retrouver mon pote Ahmed et Bernard Laporte[1], qui avait fini son jogging. Et là, pour la première fois depuis trois ans, j'ai bu de l'alcool. Un whisky bien tassé que je n'ai d'ailleurs pas pu terminer. Je suis alors sorti, j'ai marché et marché et marché. Seul. Comme dans la chanson de Jean-Jacques Goldman que j'adore :

> « Comme un bateau dérive
> Sans but et sans mobile
> Je marche dans la ville
> Tout seul et anonyme… »

Il n'y avait que Tapie pour me faire disjoncter de la sorte. Volatiles, des pensées m'assaillent. Combien de temps tiendra-t-il encore à se battre ainsi comme un chien ? Le reverrai-je, seulement ? Puis tout me revient. Ma carrière, mon arrivée à l'OM. Les souvenirs se bousculent. Les bons et les mauvais. Mais comme par hasard, là et maintenant, il n'y en a plus de mauvais. D'un seul coup, si mes yeux s'embuent, ma mémoire, elle, ne se rouille plus. Et de me retrouver ainsi, perdu au milieu de mes songes, au pied de mon appartement, de l'autre côté de la porte Maillot ! Sans savoir où j'ai bien pu garer la voiture… Du 6e arrondissement, ça faisait quand même une trotte…

Depuis, je l'ai retrouvée, ma voiture, sagement garée près du Lutetia ; depuis, le Boss est parti. Après « sa » messe de Saint-Germain, je suis repassé rue des Saints-Pères avec son

---

1. Bernard Laporte est le président de la Fédération française de rugby.

frère cadet, Jean-Claude, l'ancien président de l'Olympique de Marseille Vitrolles. Avec ce dernier, on avait fêté ensemble les victoires européennes conjointes de l'OM en hand et en foot. Mais j'avais vraiment besoin de respirer et, quand j'ai vu que du monde arrivait, j'ai préféré m'éclipser. Besoin d'être seul.

Il y a encore un proverbe de chez moi qui dit qu'une blessure qu'on cache ne cicatrise jamais. Sûr que je ne suis pas doué pour le mensonge et qu'on peut voir en moi comme dans un livre ouvert. Je vais donc guérir, si j'en crois les oracles de mes ancêtres… Mais quand même : je sais où je ne me rendrai pas ces jours prochains pour d'autres hommages posthumes : au Vélodrome. Trop de souvenirs. Je suis trop émotif pour tenir là-bas ne serait-ce que cinq minutes. Non. Je ne peux pas et je ne veux pas.

2

« T'es pas bon, t'es pas beau, t'es pas élégant »

« Tan, tan, tan, tan… Le TGV numéro 7827 à destination de Marseille Saint-Charles, départ 14 h 39, partira voie 23 ; il desservira les gares d'Avignon TGV, Aix-en-Provence TGV et Marseille Saint-Charles, son terminus. […] La SNCF vous souhaite un agréable voyage. » Je ne sais pas s'il le sera, mais j'ai tout de même décidé de me rendre dans ma ville d'adoption, au lendemain de la messe de Saint-Germain. Le Vélodrome, non, mais la cathédrale La Major, oui, tout près du Panier, de Joliette et du Vieux-Port, si près de mon passé qui frappe vigoureusement maintenant à ma porte.

J'ai coupé mon portable. Trop de sollicitations, vu l'événement, et pas envie de m'épancher dans les médias. Je ne sais pas si ça fait cet effet-là à tout le monde, mais le train me pousse toujours à l'introspection, me fait beaucoup réfléchir, surtout quand je suis assis dans le sens inverse de la marche, ce qui est ici le cas. Et là, je file vers l'enterrement de l'homme de ma vie, mais en lui tournant le dos, les yeux rivés sur mon passé. Mon TGV traverse la banlieue parisienne à toute allure et longe l'autoroute A6, ce qui me ramène irrésistiblement à mon transfert d'Auxerre à Marseille. Et avec le recul, ce fut cocasse, même si je n'ai pas rigolé sur le moment.

La toute première fois que j'ai rencontré Tapie, ça ne s'est pas bien passé du tout, même si cela ne prêta pas à conséquence. C'était à la mi-temps d'un match amical Auxerre-Marseille, à l'Abbé-Deschamps durant l'été 1988 ; une rencontre qui entrait dans le protocole du transfert d'Éric Cantona, qui venait de signer à l'OM. Les crampons claquent sur le carrelage, ça discute, ça sent l'embrocation et un mec en costard-cravate déboule dans nos vestiaires ; pas de doute, pour être sapé comme ça, c'est le président. C'était la première fois que j'en voyais un débarquer de la sorte, sans prévenir, et je ne le connaissais que très vaguement, par ce qu'on disait de lui dans la presse, puisqu'il avait repris La Vie Claire, enseigne de produits bio, et surtout l'équipe cycliste de Bernard Hinault, qui lui aussi portait le cercueil de notre boss avant-hier à Paris. Et là – surprise –, le mec me bouscule et me menace tel un chef de gang d'ados du

9-3 : « Je suis du Bourget et toi de Romainville. Fais gaffe à toi ! Tu fais le barbot, mais je vais te montrer ce qu'on fait aux voyous de ton espèce ! »

Je crois savoir que Jean-Pierre Papin lui avait soufflé à l'oreille que j'étais un bourrin suite à quelques tacles musclés que j'avais dû lui administrer lors de joutes précédentes, mais de ce que pensait son président, je m'en fichais comme de mon premier slip fétiche – je portais toujours le même après une victoire. À vrai dire, personne chez nous ne le connaissait vraiment ; nous n'avions qu'un seul Dieu qui régissait et réglait tout : Guy Roux, qui d'ailleurs n'intervint pas durant cette algarade. Tel fut notre tout premier contact, Tapie et moi. Et c'est lui qui m'a taclé ! Lui non plus n'avait visiblement peur de rien, premier point commun…

Imaginer ce cher vieux Canto quitter Auxerre avait titillé mes envies de départ. Roux m'avait laissé entendre que ça pourrait s'envisager, une fois celui qu'on n'appelait certes pas encore « The King » parti. Malgré tout ce que je devais au club – vraiment TOUT –, je voyais bien que je n'y gagnerais rien en termes de trophées et que j'aspirais à un challenge plus relevé. Après tout, n'avais-je pas connu ma première sélection en équipe de France deux années auparavant, en Suisse ? Je venais déjà d'être sollicité par les Girondins via leur directeur sportif Didier Couécou. On était en stage à Royan, l'été, donc pas bien loin de Bordeaux, et j'avais retrouvé certains partenaires de l'équipe de France qui, après la Coupe du monde 1986 y sévissaient encore : Battiston,

Tigana, Sénac[2]. Ils me donnaient vraiment envie de les y rejoindre.

Je m'étais décidé à monter voir Guy Roux dans sa chambre pour lui parler : « Coach, j'ai envie de partir. » Il était un peu patraque, à ce moment-là, souffrait de l'estomac ; toujours le premier à se pointer aux repas. Mais là, quand mon frère Roger, qui partageait ma chambre, le vit descendre le dernier en même temps que moi et prendre ses cachets, il se demanda ce qui avait pu bien se passer. À vrai dire, Guy Roux m'avait rabroué genre quelle mouche avait bien pu me piquer et qui m'avait monté la tête à ce point ? À cette époque, il y avait peu d'agents de joueurs. Novateurs, Didier Couécou et Michel Benguigui marchaient ensemble et s'étaient donc manifestés auprès de moi. Mais c'est vrai que j'avais perdu ma place en équipe de France. Aussi, le discours de « papa » Roux fut le suivant : « Éric est parti, O.K., mais il faut que tu me fasses une super saison. » N'empêche, j'encaissais les reproches de mon frère (« Pourquoi tu as fait ça ?!! ») et je n'osais pas parler de tout cela à mes parents. Plus peur d'eux que du Nanard… Moyennant quoi, j'effectuai ensuite mes deux meilleures saisons avec l'AJA (Association de la jeunesse auxerroise), toujours en défense centrale, mais comme libéro – et capitaine ! – aux côtés de William Prunier et du superbe joueur qu'était Enzo Scifo, arrivé chez nous. Alors, d'autres clubs entrèrent dans la danse.

2. J'avais joué avec Didier Sénac en équipe de France en 1987 contre la Norvège, mais il n'avait pas fait partie du groupe des Bleus à la Coupe du monde 1986.

Monaco d'abord, via son directeur Henri Biancheri qui me téléphona directement. Ça se faisait à l'époque. Moins de structures, moins de médias, moins d'intermédiaires, moins d'argent… Mais Guy Roux a su pour ce coup de fil. Je ne sais pas s'il a à dessein organisé la scène qui suit – je pense quand même que oui – mais voilà : le madré Guy appelle Biancheri au moment où je suis dans son bureau et met le haut-parleur. Et là, à mes oreilles hagardes, il vient ces mots nasillards du combiné : « Bon, en fait, on a déjà Emmanuel Petit très prometteur et qu'on veut promouvoir derrière. Et puis Boli est africain – pas toujours gage de sérieux, ça – et je le trouve assez cher… »

Lui qui, devant moi, il y a trois semaines, ne tarissait pas d'éloges et me disait que je serai bien à Monaco… Je découvrais la vie et ses vérités du moment, mensonges du lendemain. Je pense quand même que ça arrangeait aussi Guy Roux.

Puis il y eut le Racing de Jean-Luc Lagardère, très gentleman stylé, très classe dans ses bureaux de l'avenue Foch. C'est son fidèle second Jean-Louis Piette, hypersympa, qui s'occupait des tractations. J'apprendrai qu'il était l'un des inventeurs de l'Orlyval ; vous savez, le métro sans conducteur qui vous emmène d'Antony à l'aéroport d'Orly. Une tête mais avec beaucoup d'humour. Le Racing me plaisait bien avec ses Bossis, Francescoli, Ginola, Luis Fernandez… Ça me fait sourire de repenser à cette période de tous les possibles. Je partais en cachette d'Auxerre avec ma 205 GTI noire, que je poussais à fond sur l'autoroute. Celle que l'on est précisément en train de longer, mais dans l'autre sens en TGV ; par la fenêtre, j'en reconnais des panneaux : Nemours, Montereau-Fault-Yonne… Guy Roux m'avait expliqué qu'en vieux français, « Fault » signifiait « tombe » et que l'Yonne se jetait dans la Seine à Montereau. Une confluence, quoi… Mais je m'égare. Je mettais à peine plus d'une heure pour rallier Paris – presque aussi vite que le TGV ! – et ça me permettait aussi de rentrer sans que Guy Roux ne s'en aperçoive vers 16-17 heures. Il ne commençait à faire le guet que plus tard dans la soirée !

Le PSG était également sur les rangs et j'usais décidément ma Peugeot que je poussais à fond. Francis Borelli avait déjà fait un cadeau à ma femme Geneviève ! Il était aussi bavard que super… J'avais eu son entraîneur Henri Michel comme sélectionneur en équipe de France – le fameux « sac à merde » d'Éric Cantona – et son adjoint Gérard Banide, qui me faisait penser à mon entraîneur de l'AJA Daniel Rolland, quand j'y étais en formation. Même philosophie. Pareil : comme pour le Racing, je m'y rendais donc en voiture, en loucedé, même si le triumvirat auxerrois Gérard Bourgoin, son négociateur, PDG des poulets Duc de Bourgogne, notre sponsor, Jean-Claude Hamel, son président, et Guy Roux étaient au courant de beaucoup de choses… L'Angleterre aussi me voulait. Tottenham et son prestigieux entraîneur Terry Venables, rien que ça ! Mais je ne m'y voyais pas, et mon épouse Geneviève encore moins.

Rencontrée quand j'avais seize ans, elle est enceinte. Et ça pèse lourd dans la balance. Je lui dois aussi mon ouverture à la culture, à tout ce qui n'est pas foot. Considérable ! Ma future destination doit être aussi la sienne. Puis voilà que Bourgoin me suggère de monter quand même rencontrer Tapie. À Paris, toujours Paris… Lequel avait déjà demandé à Roux l'année d'avant s'il voulait bien lui céder – je cite – son « singe aux pieds carrés »… Guy l'avait fait patienter. Comme pour moi, en quelque sorte. Mais, bon, entretemps, lors d'un Auxerre-Marseille à domicile, j'avais quand même dû taper dans l'œil du Boss.

Dans un premier temps, je réponds au roi du poulet : « Hors de question ! » Non seulement je croyais que j'avais les pieds carrés, Tapie dixit, et surtout, surtout, je me faisais conspuer chaque fois que je jouais au Vélodrome où je pouvais en entendre aussi parfois des « nègres » et des pas mûres, même si j'ai toujours relativisé dans ce délicat secteur…

À l'époque, je ne m'offusquais guère de ce genre de pitoyable réflexion. Des tribunes, un black pouvait régulièrement entendre descendre des « vas-y blanchette ! » sans s'en émouvoir plus que ça, hélas. Ça me motivait, plutôt. Même au Vélodrome. Bon, Dieu merci, ça ne passe plus aujourd'hui. J'imagine un président, aujourd'hui, tenir ce genre de propos ! Inimaginable. Le monde change et c'est parfois tant mieux, même si on peut hélas retrouver ce genre d'hideuse diatribe sur les réseaux sociaux. Bref, Tapie, qui n'a pas oublié notre première rencontre veut à présent ses « pieds carrés », et après que j'ai cédé à Bourgoin, notre entrevue – comme la première – ne manquera pas de sel. Impossible avec lui que les choses se déroulent dans la norme !

Mais j'affirme que ce faisant, il s'agira de l'élément fondateur de notre relation !

Je pars donc vers 8 h 30 d'Auxerre. Je voulais arriver tôt à Paris, car j'avais un entraînement, à l'Abbé-Deschamps à 17 heures. J'arrive dans ses somptueux bureaux de l'avenue de Friedland, où je suis accueilli par Noëlle Bellone, sa directrice générale et non son assistante. Noëlle, qui, elle aussi, portait le cercueil il y a deux jours à Paris. Ça me redonne envie de chialer, tiens. Elle me demande de patienter. La porte du Boss est entrouverte. Il est au téléphone et va me faire lanterner trois quarts d'heure. Il a beau me faire des signes de la main à intervalles réguliers genre « j't'ai vu, attends ! », j'ai la sensation de plus en plus intense qu'il se fout de ma gueule, ou alors qu'il me teste. J'allais partir, furibard, et le voilà qui raccroche enfin pour me balancer illico – et ça n'a pas fini de me hanter – : « Bon ! Boli : t'es pas bon, t'es pas beau physiquement, t'es pas élégant quand tu joues et tu mets des coups. Moi, je ne t'aime pas et les Marseillais non plus. Seulement, j'ai des joueurs, à commencer par JPP, qui me disent de te prendre si on veut gagner la Coupe d'Europe ! Alors, qu'est-ce que tu dis de ça ? » Le temps de constater avec plaisir que Papin avait changé d'avis à mon sujet – je n'étais plus le bourrin autrefois décrié – et Tapie de conclure à son inimitable façon : « Si t'as vraiment des couilles, t'acceptes le challenge et tu signes ! » En fait, cette façon de me provoquer m'a totalement chamboulé au point de passer outre l'avis de ma femme qui ne voyait pourtant pas un départ pour Marseille d'un bon œil. Sûr que j'ai été subjugué, quelque part, par ces mots rudes façon 9-3 qui avaient su titiller mon orgueil et mon ambition mieux que l'exquise politesse de ses rivaux présidents. Oui, cette brutale bourrade sémantique m'a littéralement balayé. Le vrai Tapie venait de naître devant moi et notre relationnel avec. Il serait musclé, orageux même, souvent teinté d'admiration réciproque, mais sans le dire. Sa proposition n'était pourtant pas financièrement supérieure. Et je suis sûr, du coup, que ma longue attente faisait partie intégrante d'une mise en scène qu'il avait montée. J'avais dit à Bourgoin que je me donnerais une bonne semaine pour réfléchir ; c'était tout réfléchi ! Quand je suis sorti des bureaux, comme en apesanteur, je me suis rendu au Virgin Megastore, pas loin, sur les Champs-Élysées, pour acheter du Sting et du Phil Collins avant de repartir dans ma voiture, lesté toutefois de quelques remords et non des moindres. J'avais vite craqué et je comprenais pourquoi. Tapie avait su comment me prendre, mais comment allait réagir Geneviève qui m'avait donné il y a peu une si jolie petite fille, Bérangère ? On venait de se faire construire un pavillon aux Piedalloues, un quartier d'Auxerre situé non loin de l'Yonne et du vieux centre-ville. Elle venait d'obtenir son diplôme de gestion et comptabilité. Bérangère y avait sa chambre au premier. Dans ma GTI, entre Joigny et Auxerre, j'en menais de moins en moins large, me demandant comment lui annoncer la nouvelle. Quand je claque la porte de ma caisse, je sais que je suis dans la merde. On a des projets de vie, tous les trois. Je lui dis alors une vérité qui ne l'étonne pas. Que j'ai choisi ce métier pas pour avoir des fleurs, mais pour me battre, pour gagner des titres. Geneviève n'est pas très foot. Elle encaisse, va s'occuper de la gamine en haut pendant que, dans le salon, je réfléchis, en écoutant en boucle une chanson de Goldman : *Là-bas*.

> « Là-bas
> Tout est neuf et tout est sauvage
> Libre continent sans grillage
> Ici, nos rêves sont étroits
> Oh, oh, oh, oh, c'est pour ça que j'irai là-bas
> Là-bas
> Faut du cœur et faut du courage
> Mais tout est possible à mon âge
> Si tu as la force et la foi
> L'or est à portée de tes doigts
> C'est pour ça que j'irai là-bas. »

J'aimerais qu'elle comprenne cette chanson dont les paroles collent si bien à mon état d'esprit. Quand je pense que cette maison, que l'on va quitter, son toit de tuiles rouges et ses quatre chambres, deux en haut, deux en bas – car ma décision est irrévocable – faisait partie de ma prime à la signature de mon premier contrat professionnel avec l'AJA ! De toute façon, Geneviève était proche de Guy Roux, qui l'a certainement convaincue du bien-fondé de ma décision. Puis tout va si vite qu'il est des trains, comme celui qui m'amène à présent sur Marseille, qu'il vaut mieux ne pas rater. C'est aussi celui qui fait passer de l'enfance à l'âge adulte. À Marseille, on le devient plus vite qu'ailleurs, mais je ne le sais pas encore.

Dans mon TGV plein comme un œuf, je suis pourtant et plus que jamais seul avec moi-même. Ce transfert à Marseille, quel cirque ! Aujourd'hui, tout serait différent et personne n'accepterait ce qu'à l'époque, j'ai enduré. Une semaine après avoir dit oui à Tapie dans les circonstances que l'on connaît, Gérard Bourgoin m'embarque dans son avion privé en compagnie de Guy Roux. Jusqu'ici tout va bien. Mais une fois atterri à Marignane, j'ai à peine le temps de voir le soleil briller dans le ciel bleu limpide de la Provence qu'on me fourre rapido en catimini dans une « estafette » pour qu'on ne me voie pas. Et dans un des salons obscurs du Novotel de Vitrolles, sur qui je tombe ? Sur Alain Roche, défenseur international plus élégant que moi, une jambe dans le plâtre, qu'on avait planqué lui aussi. Nous devions signer tous les deux et Alain, qui ne le savait pas plus que moi, faisait partie du deal. Boli contre Roche. Un échange. J'ai paraphé, il a paraphé, nous avons paraphé exactement en même temps, comme dans le film *Oscar* avec de Funès qui signe en même temps que celui qui le harcèle, Claude Rich, histoire de parvenir à un accord. Mais ça nous fait nettement moins rire. Cette impression que l'on se sert de nous sans nous en demander la permission est très pénible et je ne peux donc pas dire que les choses commençaient très bien avec mon nouvel employeur. C'est le bras droit de Tapie, Jean-Pierre Bernès, qui dirigeait la manœuvre, la transaction, donc. Et à peine après avoir signé mon contrat, on m'a remis dans la fourgonnette pour que je reprenne l'avion dans l'autre sens ! Personne n'en a jamais rien su, ce qui était le but, mais les médias n'étaient pourtant pas légion comme aujourd'hui ! Ni portable, ni Twitter. Que craignait-on ? Tapie, le président de Bordeaux Claude Bez, Jean-Luc Lagardère et celui de Monaco, le « bon » docteur – on l'appelait toujours comme ça –, Jean-Louis Campora, se tiraient déjà la bourre à coups de millions avec une idée fixe : la Coupe d'Europe. Être (à jamais) les premiers à la remporter. Mieux que les légendaires Reims et Saint-Étienne battus en finale, populaires à la Poupou, éternel second. Tapie, lui, préférait Anquetil et Bernard Hinault. Des vainqueurs. Ça valait bien, à ses yeux, un secret bien gardé, quitte à le planquer dans un utilitaire. Soit dit en passant, le secret en question avait été contacté par tous ces clubs. Mais je ne pense pas qu'ailleurs qu'à Marseille, on m'aurait fait le coup de la camionnette…

J'en ris maintenant et mon voisin me regarde. J'ai mes lunettes noires ; j'espère ni être reconnu, ni être interrompu dans ma farandole aux souvenirs.

3

Sous les javelots, la plage

Je me suis assoupi… puis réveillé. Le train est arrêté en pleine voie ; je ne sais pas où on est. C'est plat ; il y a des collines orangées, au loin. C'est beau, l'automne. Presque aussi beau que ma Bérangère qui n'avait pas loin d'un an, déjà. Pour son confort, pour celui de sa mère aussi, nous nous sommes installés « à la campagne » à Aubagne. Cassis ou Aix – Marseille, n'en parlons pas ! –, c'était trop bruyant pour elles, trop de promiscuité ; il fallait une sorte de continuité à ce qu'était notre vie d'avant aux Piedalloues, et c'était une façon pour moi de me faire un peu pardonner mon rude choix de vie. À quinze kilomètres à l'est de « Massilia », l'un des intendants du club, Louis Vassallucci – je me demande s'il n'est pas toujours au club ? –, nous a donc trouvé un pavillon déjà meublé où nous pouvions loger tout de suite. Une sorte de mas provençal avec du terrain. Et vue sur le massif calcaire de la Sainte-Baume qui domine la plaine. Pas mal de joueurs habitaient le secteur et se succédaient même parfois à l'intérieur d'une même maison ; je crois que Canto avait ainsi emménagé chez Alain Giresse…

De ce côté-là, l'OM avait bien fait les choses. Si le club manquait de professionnalisme, on s'y décarcassait à tous ses étages et ça le rendait humain et sympa, vu de l'intérieur.

On est descendu d'Auxerre avec ma GTI, qu'il me faudrait bientôt changer, vu son kilométrage mis à rude épreuve. J'ai continué de m'entretenir physiquement quelques jours à Port Leucate, sur la grande bleue, entre Narbonne et Perpignan. À l'époque, les protocoles médicaux étaient encore minces. On devait juste faire attention à sa ligne et essayer d'être… présentable le jour de la montée sur la balance Terraillon. (Que Tapie avait racheté en 1981 !) Pas de suivi médical individuel, encore moins de GPS pour analyser nos performances. C'était folklo… le bon temps, peut-être ? Les kilos, je le vois bien aujourd'hui dans mon siège SNCF, je les ai pris depuis !

Puis on est parti en Côte d'Ivoire présenter la petite à la belle-famille, d'Abidjan à Saint-Louis. C'était pendant la Coupe du monde 1990 en Italie, d'où la France était absente. Au retour, on a pu emménager vite fait avec l'aide de la sœur jumelle de Geneviève et apprécier la tranquillité d'Aubagne, ses commerces et la proximité d'un nouvel hypermarché Auchan. Ça paraît idiot à relever, mais c'était une bonne nouvelle pour celle qui allait y demeurer, au quotidien, plus de temps que moi…

Mon tout premier entraînement m'a laissé en bouche plusieurs sentiments paradoxaux, mais j'apprendrai rapidement qu'à Marseille, la contradiction est un art de vivre. L'OM n'a pas d'installation à proprement parler et, de ce côté-là, Auxerre, 40 000 habitants à tout casser, se situe à des années-lumière devant. En revanche, si, à l'Abbé-Deschamps, on arrivait avec son sac, ici, c'est Mireille, notre lingère sans âge – elle a connu Josip Skoblar[3] ! – qui s'en occupe. Elle me dira sobrement : « Ici, tu as ton numéro et tes affaires. »

Ce matin-là, je me rends donc au pied du Vélodrome ancien modèle mais impressionnant. C'est toujours grosso modo l'enceinte construite par Léo Lagrange en 1937, mais j'apprendrai que c'est Tapie lui-même qui en a fait retirer la piste cycliste dès qu'il est devenu président de l'OM. Le stade fait vieillot, d'un autre temps, mais je sais qu'il vibre à nul autre pareil et qu'il en a fait bader, des grands joueurs ! L'entraîneur Gérard Gili nous y attend. Un super mec, calme comme ne le sont pas les Méridionaux du coin. Il semblait toujours tranquille, puissamment armé d'un fatalisme qui lui permettrait d'essuyer les plus grosses vagues, même les plus injustes, avec une classe folle. Il ne tarderait pas à nous démontrer

3. Avant JPP, le croate Josip Skoblar fut le plus grand avant-centre de l'histoire de l'OM où il joua en 1966-1967 et de 1969 à 1974, marquant 151 buts en championnat et devenant le recordman de but marqués en une saison avec 44 réalisations. On n'a pas fait mieux depuis.

cette qualité-là, hélas pour lui, face à l'omnipotence de son patron. En attendant, il tient à me mettre tout de suite à l'aise, m'expliquant qu'il est très heureux de mon arrivée, que les choses seraient certes difficiles mais qu'avec mon mental, il ne doute ni de ma réussite, ni de celle de l'équipe. Un gentleman. Au programme, pour l'heure, juste quelques courses au cours desquelles je veux néanmoins déjà prouver que je suis en condition et qu'on a bien fait de me recruter. Je cavale donc fièrement dans le groupe de tête en compagnie de Jean Tigana, increvable à la course, Canto, que je retrouve[4], et JPP, exemplaire capitaine, toujours devant. Faute d'installations décentes – le centre de la Commanderie n'existe pas encore –, nous avons trois endroits pour nous entraîner. Le Vélodrome, mais aussi la fac de sciences du sport de Luminy en forme d'hexagone, au sud, entre Marseille et ses calanques, ou bien encore Saint-Menet, le long de l'A 50 près de La Valentine. À Luminy, il faut vraiment se méfier : il n'est pas rare qu'un javelot nous passe juste au-dessus de la tête ou qu'un poids vienne s'écraser non loin de nos crampons. Sans compter les coureurs à pied qui, sur la piste en tartan, nous tournent autour… Toute la fac s'y entraîne en même temps que nous ; un vrai foutoir. Les vrais points communs entre tous ces drôles d'endroits ? Le ciel si bleu au-dessus de nos têtes, les cigales, la garrigue, le thym, le romarin, les pinèdes, toutes ces délicieuses fragrances que je ne connais pas. De la Bourgogne, du Morvan que traverse maintenant mon TGV,

4. Éric Cantona avait signé à l'OM en 1988, mais ses frasques amenèrent son club à le prêter à Bordeaux, puis Montpellier avant de revenir à l'OM en 1990-1991, quand j'y suis arrivé.

je ne me souviens que de l'odeur des champignons dans les sous-bois où nous courrions avec Guy Roux en direction de la Roche Percée. Il nous y tenait des discours mobilisateurs, perché sur un gros rocher. J'imagine mal Tapie faire de même ! Pas plus que Gérard Gili, du reste. J'allais oublier le mistral et le trafic, si dense, de Marseille à Aubagne.

Certains internationaux sont absents, car pas encore rentrés de la Coupe du monde : Stojkovic (alias « Pixie », la souris de Tom et Jerry en serbe) avec l'ancienne Yougoslavie, Waddle avec l'Angleterre, Mozer avec le Brésil… Mais, excusez du peu, Deschamps pas encore prêté, Cantona, de retour de prêt, lui, Giresse, pas encore parti, Sauzée, Forster, qui a mal au genou, sont encore là. Que des joueurs de classe mondiale… Je me fais petit, même si j'en connais la plupart. Puis je débarque d'Auxerre, tel un bouseux du football qui n'a connu dans son métier que le marquage individuel *made in* Guy Roux. Avec l'OM, je découvre la zone, les défenseurs qui jouent avancés, le plus loin possible de leurs buts, le gardien qui sort plutôt que de me laisser prendre le ballon de la tête. En fait, je cherche toujours mon avant-centre ! Au début, aux entraînements, les coéquipiers me houspillent (« Mets-toi dans la tronche que tu nous suis »), gueulent (« On sort ! »), mais moi je n'y arrive pas toujours. Il me faut presque désapprendre certains aspects de mon poste, ou plus exactement moins y avoir recours et en assimiler d'autres, le plus vite possible. Pardo et Mozer se montrent d'excellents pédagogues ; on rigole bien. Mon but est vraiment de les persuader qu'avec moi, on peut partir à la guerre.

De retour d'un stage préparatoire à Digne où le cagnard ne nous épargne guère – ça me change de ma verte et humide Bourgogne –, deux surprises nous attendent, les deux me concernant de près. Tout Marseille peut se résumer dans ces deux avatars et bien des mystères que j'ai pu subodorer à travers les propos de Tapie quand on s'était vu à Paris se sont éclaircis plus vite que je ne le pensais. Sur la Canebière, le temps s'accélère…

Oui, Tapie m'a prévenu il y a quelques mois : « Les gens ne t'aiment pas. » Là, on rentre de Nîmes où nous avons disputé un match amical avant que ne reprenne le championnat. Au parking du grand stade pour reprendre ma voiture, des copains blacks m'attendent. Ils tiennent entre leurs mains une grande pancarte que Jean-Pierre Bernès a fait enlever dare-dare pour que je ne la voie pas. Dessus, il est écrit : « Boli, au zoo, libérez les animaux. » Que faire, que dire face à tant d'imbécillité ? Serai-je donc à jamais le « singe aux pieds carrés » que Tapie a lui-même hélas décrit jadis ? Je laisse tomber. Je ne dois pas saborder ma préparation, j'ai en tête plus que jamais de prouver ma valeur à mes détracteurs, racistes ou non. Simplement, je n'en dirai pas un mot à Geneviève qui vient juste de trouver à Aubagne une nounou arménienne pour garder Bérangère. Je ne veux pas qu'elle regrette de m'avoir accompagné ici au bout de deux semaines seulement.

J'ai disputé mon premier match de championnat avec l'OM. Contre Nice. Victoire 1-0. Mais quel étrange accueil… D'habitude, je sors des vestiaires pour tâter la pelouse peu avant le coup d'envoi au moment où le speaker annonce la compo des équipes. Là, je ne sais pas pourquoi, j'attends dans le couloir ; j'entends des sifflets, le stade est plein à ras bord. En ce temps-là, le béton des années 1930 du vieux Vélodrome emprisonne les clameurs. Sur le terrain, on ne s'entend pas. Une ambiance de folie. Une des plus belles que j'aie connues. De quoi vous donner envie de devenir un mythe à votre tour rien que pour enflammer les foules. Voilà que, par-dessus l'éternelle clameur, le speaker égraine les noms : numéro 1, Olmeta ; numéro 2, Amoros ; numéro 3, Di Meco ; numéro 5, Mozer… Il saute mon nom, mais je n'ai pas fait attention. Et quand on rentre de l'échauffement, Tapie, que je n'ai pas revu depuis des semaines, s'assoit à côté de moi, me regarde dans les yeux et me dit : « C'est moi qui ai demandé qu'on omette ton nom exprès pour éviter que les gens te sifflent. » C'est vrai que, du temps d'Auxerre, ils avaient une chanson pour moi : « Boli, tu pues, va te laver le cul. » Mais à vrai dire, je me foutais complètement de cette compo d'équipe incomplète. Mon ego, je le mettais dans mes pieds, sur une pelouse. L'important, c'était avant tout de réussir mes débuts. Un attaquant a la possibilité de vite provoquer et de montrer ce qu'il vaut bien plus qu'un défenseur. J'ai donc fait une sortie sur un joueur adverse très loin de ma ligne, presque au milieu du terrain, puis une deuxième du même tonneau. Applaudissements. Je les ai mis dans ma poche. Tout va bien. Même si j'apprends qu'on a distribué ce soir-là des tracts contre moi dans les tribunes du Vélodrome.

4

Die Folklore

L'autre surprise fut la lecture des journaux annonçant à tous la venue de Franz Beckenbauer comme nouvel entraîneur, alors que nous n'avions pas encore commencé le championnat ! Il est vrai que Tapie était le tout nouveau président d'Adidas, sponsor historique de l'équipe d'Allemagne depuis un siècle ! Et Gili, le coach champion de France en titre qui avait déjà réalisé le doublé la saison d'avant ! Mais tout le monde se souvient de ce qu'avait dit Tapie, ulcéré après la demi-finale de Coupe d'Europe perdue contre Benfica, sur un but marqué de la main par le Portugais Vata. C'était peu de temps, finalement, avant que je ne signe : « J'ai compris pourquoi l'OM était un petit club, nous n'avons pas su faire la différence, parce qu'au manque de réussite sont venues s'ajouter les décisions d'arbitres pas toujours en notre faveur à l'aller, franchement contre nous au retour. Mais j'apprends vite. La saison prochaine, croyez-moi, cela ne nous arrivera pas. Jamais plus nous n'encaisserons un but de la main. »

Il fallait donc que l'OM s'étoffe, devienne un grand d'Europe par l'arrivée d'une personnalité intouchable, incontournable, respectée de tous, à commencer par les instances européennes. Et un Kaiser, ça vous assoit un club. Face à lui, on ne cède rien à un grand d'Europe comme Benfica, en cas de litige. Face à Gili, si. Tel était le raisonnement du Boss, que je n'avais du reste toujours pas revu depuis mon arrivée sur la Grande Bleue. Il faut croire que les matches amicaux ne l'intéressaient pas. Seule la compétition était belle et digne d'intérêt. Mais moi, l'arrivée du Kaiser, malgré toute mon amitié pour Gili, m'excitait au plus haut point. C'était une des idoles de ma jeunesse quand il était le libéro au bras cassé de la légendaire demi-finale de Coupe du monde Allemagne-Italie 1970 – j'étais trop jeune pour l'avoir vue, mais je m'étais rattrapé – et un peu plus âgé quand l'Allemagne remporta la Coupe du monde 1974. Il était tout ce que je ne serai jamais, me semblait-il : délié, facile, gracieux balle au pied, techniquement hors catégorie. Au départ, il venait à l'OM comme directeur technique et Gili gardait sa place ; ça a duré jusqu'à mi-septembre. Mais en tribune, le 8 septembre pour la venue du PSG, le Kaiser était sur le banc avec son assistant-interprète, Holger Osieck, lors du match de Coupe d'Europe qu'on jouait à Tirana dix jours plus tard. Gérard ne pouvait plus avaler ces couleuvres : il avait sa fierté et Tapie le savait bien. Au diable le palmarès de Gili et qu'il eut été avec nous invaincu en ce début de championnat ne changeait rien à l'affaire. Tapie disait et faisait ce qu'il voulait, quand il voulait, comme il voulait. Nul ne lui résistait ; je le savais depuis notre entrevue avenue de Friedland. Il savait faire venir les gens aussi bien qu'il savait les virer. Sans état d'âme apparent. Avec à la clé, trois millions de francs annuels pour le Kaiser. Pourtant, ce dernier dut découvrir ébahi, comme moi, les comiques et désespérantes conditions dans lesquelles on s'entraînait. Lui aussi dû baisser la tête sous les javelots ! Ça nous faisait marrer entre nous de voir cette légende composer avec ce club sous-développé, payer de son illustrissime personne pour qu'on nous installe… des machines à laver séchantes. Soucieux qu'on ait, a minima, des maillots propres, le Kaiser, dès la fin des entraînements ! Sûrement effaré, ça lui paraissait la moindre des choses. Quand il avait débuté au Bayern un quart de siècle auparavant, il y avait déjà des « Miele » un peu partout…

Dans quel guêpier s'était-il fourré ? Pourtant, raide, digne et sympa jusqu'au bout des orteils, il saluait toujours tout le monde, où que l'on s'entraînât, de la lingère à l'intendant en passant par le jardinier. Mais quand il s'échauffait avec nous, on retrouvait l'immense joueur qu'il avait été, même sur un simple toro. Impossible de chiper le ballon à ce génie. J'aurai des rapports privilégiés avec Franz et, rien que pour ça, je ne remercierai jamais assez Tapie de m'avoir fait signer ici. Déjà, c'est lui qui m'a positionné sur le terrain autrement, sur le flanc droit – nous n'étions plus que trois derrière – et, du coup, je lui dois la période la plus faste de ma carrière au cours de laquelle j'ai marqué cinq buts consécutifs en cinq rencontres d'octobre à décembre. Je cavalais, je tirais, je centrais, malgré les résultats de l'équipe en dents de scie, j'avais mis Marseille dans ma poche. Aux entraînements, je tentais et réussissais tout ! Contre Rennes, j'ai marqué un but exceptionnel d'une frappe du gauche à leur gardien international Pierrick Hiard, sur un centre d'Abedi. Tout le stade s'est levé ! Ça me chambrait de tous côtés. Franz Beckenbauer me surnommait Brehme, un super défenseur allemand doté d'une frappe de mule ; quant à Tapie, il était venu me demander : « T'as mangé quoi ? » J'en étais déjà à mon troisième but avec mon nouveau club alors que j'avais dû n'en marquer que deux durant toutes les années passées à Auxerre ! Pendant ce temps, Geneviève me raccommodait le slip que je m'obstinais à porter match après match puisque je marquais ! Il n'avait plus figure humaine !

Oui, Franz aura changé ma façon de courir, d'envisager mon rôle de défenseur. Je suis fier d'avoir été le premier joueur invité chez lui à boire le café. Dès le départ, il m'a dit : « Tu peux réaliser plein de choses, tu as le physique, tu as la volonté. » Qu'un entraîneur champion du monde dont vous aviez des posters dans votre chambre pleine d'acné vous dise cela avait une portée stratosphérique. Au bout de deux-trois matches, et alors que j'étais arrivé en retard lors de son tout premier entraînement – je m'étais fait engueuler ! –, il m'avait invité chez lui, une splendide maison, sur la corniche. Holger Osieck était là comme interprète. Son épouse Bridget, également. Il m'annonça : « Tu vas être mon capitaine ! » En moi-même, je pensais qu'il était fou, car je venais juste d'arriver. Mais j'étais fier. Je suis rentré chez moi et, dans la soirée, ça n'a pas raté, coup de fil de Bernard Tapie : « Demain, après l'entraînement, tu vas voir Beckenbauer, tu lui dis que tu ne veux pas être capitaine. C'est Jean-Pierre Papin, le capitaine. » Le lendemain, j'ai vu Franz, je ne lui ai pas dit que le Boss m'avait appelé tout en lui montrant combien j'étais honoré, j'ai décliné sa proposition. Quelques jours plus tard, Papin m'a dit que j'avais été bon sur ce coup-là…

Conclusions : Tapie pouvait interférer comme bon lui semblait, même dans les conceptions d'un des plus grands joueurs/entraîneurs du monde. Il pouvait aussi s'en débarrasser presque vulgairement – comme il l'avait toujours fait ou il le fera avec Gili, Ivic, Goethals, Fernandez et Bourrier. Quel que soit le pedigree. Pour le pauvre Kaiser, malgré son immense prestige, la sanction tomba rapidement. L'OM concocté par notre prince charmant débuta en effet sous son court règne par une défaite à domicile contre Cannes (0-1), où sévissait déjà un jeune prodige nommé Zidane. Puis entre autres couacs en championnat (sept victoires, quatre défaites, un nul sous le règne du Kaiser), je me souviens particulièrement de notre échec en Coupe d'Europe au match aller en Pologne, contre le Lech Poznan (3-2). Tapie était descendu de Paris le lendemain pour Marseille afin de nous passer un savon.

Je l'entends encore ! « Les mecs, vous avez perdu contre le Crédit Agricole. Des zéros. Alors, la qualif', je ne vous en parle même pas et ne me demandez pas de primes ! » Au retour, on leur en mit six… Le Kaiser fut débarqué fin décembre ; il aura juste passé l'automne, mais conservera la fonction de directeur technique qui, dans les faits, sera davantage celle d'un ambassadeur du club… À sa décharge, toujours le côté mêle-tout de son patron, toujours à l'écoute d'un avis, d'un conseil, d'un tuyau. Je ne sais pas qui lui avait soufflé à l'oreille le nom d'Adi Pinter mais, avant que Franz ne débarque sur la Canebière, Tapie avait fait venir ce préparateur physique autrichien, adepte de la cure détox Chenot, histoire de charger nos batteries en éliminant les toxines, je synthétise. Il nous faisait manger des herbes, on courait, on chiait, on maigrissait. Tu parles d'une trouvaille ! Ça a duré trois semaines. C'est quand le Kaiser est arrivé qu'on a commencé à en subir les conséquences. Nous avions moins de jus. Puis Franz n'en revenait pas, tellement son Boss interférait dans ses choix. Un jour, notre gardien Gaëtan Huard ne sut plus comment s'habiller avant un match. En costard comme s'il allait jouer ou en touriste ? L'un lui avait dit qu'il serait titulaire, l'autre pas ! Et comme la tactique voulue par Beckenbauer faisait moins la part belle à JPP qui marquait moins, m'est avis que Tapie choisit vite son camp, si j'ose dire. Remplacé l'hiver venu par Raymond Goethals, plus malin dans sa résistance au patron, Franz resta néanmoins près de nous jusqu'à la finale de Bari, pour notre plus grand bonheur car c'était un seigneur.

Qui m'emmènera rejoindre en 1996 son adjoint, Holger Osieck, à Saitama, au Japon, dans le club d'Urawa Red Diamonds, mais c'est une autre histoire…

5

Surtout Chris...

Mon voisin, qui a ses écouteurs et dont musique et images jaillissent de son MacBook, a de belles oreilles. Un peu comme Jean-Pierre... C'est au fil des années après l'OM que la glace s'est complètement brisée avec lui. Je lui suis tombé dans les bras, avant-hier, à la sortie de l'église Saint-Germain... Mais du temps de l'OM, je n'arrivais pas à me départir d'une certaine méfiance vis-à-vis de lui. Plusieurs raisons à cela. Bon, il ne me semblait pas dépourvu d'une forme de racisme à ses débuts même si, par la suite, il avait conseillé à Tapie de m'embaucher. J'ai toujours mis ça sur le compte d'une forme d'ignorance. C'était un homme du Nord, peu habitué aux Africains. De toute façon, j'avais l'habitude de passer au-dessus de ça. Jipé était un joueur fantastique, d'une folle spontanéité. Vous lui laissiez un mètre et ça faisait but. Ses fameuses Papinades ! Toute l'équipe tournait pour lui, pour qu'il marque. Et quand il n'y parvenait pas, la gueule qu'il tirait ! Tapie avait embauché des joueurs pour que brille l'OM à commencer par son avant-centre. Il avait organisé son équipe autour de lui, pour lui. Il avait pris sa carrière en mains et Jean-Pierre lui en saurait gré, toute sa vie. Les deux hommes étaient donc extrêmement liés. Ils se téléphonaient souvent. Éric Di Meco m'a raconté qu'au moment de son divorce, Jean-Pierre n'allait pas très bien, ne marquait plus, touché moralement. Seul joueur formé ici, minot *trademark* jusqu'à la fin de ses jours et souvent exploité comme tel – il faut le reconnaître – par son patron, Éric avait spontanément aidé Jipé, le baladant un peu partout, descendant souvent avec lui à Saint-Tropez pour lui changer les idées. Et Tapie, qui ne l'appelait jamais, lui téléphona un jour pour lui dire : « C'est bien, Di Mec, ce que tu fais. » Ceci dit, a contrario, quand mon ami Waddle était arrivé à l'OM en 1989 et qu'il y rencontrait des problèmes d'acclimatation, Jean-Pierre, seul joueur à parler à peu près bien l'anglais, l'avait spontanément logé chez lui durant deux mois et sur le terrain. Et leur association fit des étincelles de génie. Quand on est pote, on joue mieux ensemble.

Nous connaissions donc le lien très fort qui unissait Jean-Pierre à Bernard et on se méfiait un peu de lui puisque, semblait-il, il lui répétait tout. Il était son éminence grise.

Il aimait néanmoins faire des blagues lui aussi. L'une de ses favorites était, via le téléphone intérieur du stade, de demander quelqu'un afin que le *speaker* du Vélodrome fasse une annonce bien sonore. J'adorais et j'adore toujours son sourire hyperjuvénile. Au resto, lors des mises au vert, il aimait bien dévisser le sel ou faire semblant de balancer du ketchup. Une fois, il a fait mine d'en balancer sur Chris, mais le jet rouge est parti sur Cantona ! On a pensé qu'Éric allait lui en coller une, mais, au contraire, ce dernier a fait preuve d'un flegme absolument inattendu et très *british* qui nous a fait hurler de rire. Je revois Éric, très digne, se tamponnant le visage avec délicatesse !

Jean-Pierre n'avait donc rien contre la rigolade, mais sortait peu. Moins que nous, en tout cas. Il était très casanier et quand, au cours de certaines bordées, il sentait qu'on partait en vrille, il s'arrangeait pour nous quitter, nous laissant avec nos déconnades post-ados. Pareil en équipe de France.

Tiens, à ce sujet, il m'en revient une bien bonne ! C'était avec l'équipe de France avant un match contre la Pologne au Parc des Princes, en plein mois d'août. Une rencontre amicale avant d'entamer les éliminatoires du Championnat d'Europe trois semaines plus tard en Islande. Comme d'habitude, nous devions tous nous retrouver au centre d'entraînement de Clairefontaine. Les joueurs rappliquaient des quatre coins de la France, mais il se trouve qu'une bonne partie d'entre eux évoluait à l'OM. Moi-même, Amoros, Cantona, JPP, Pardo, Sauzée, prêté à Monaco, et Casoni. Ça faisait du monde et autant d'affinités.

Convoqués pour 15 heures, avec entraînement à 16 h 30, nous avions atterri à Orly 4 h 30 plus tôt. Je ne sais pas qui a eu l'idée – peut-être Bernard Pardo, leader naturel du groupe car le plus expérimenté ? – mais, histoire de passer le temps, on a décidé de tous mettre nos sacs dans deux Espace taxis, direction le Fouquet's, sur les Champs-Élysées. Là-bas, vu notre tenue pour le moins décontractée, on s'est fait refouler. Qu'à cela ne tienne, on a filé aussi sec à pied, vers… la Maison d'Alsace – pas le même standing, mais c'est à cent mètres –, poursuivis par le taulier du Fouquet's qui nous avait in fine reconnus et se confondait en excuses. Après avoir envoyé paître le gérant du resto de luxe, nous nous sommes attablés pour déguster de solides choucroutes généreusement arrosées de saucisses, de bières, et de petits boudins que mes camarades, jamais en manque de plaisanteries grivoises, appelaient « la bite à Basile ». Bon régime avant un match international… Les pintes succédaient aux pintes ; Canto fumait le cigare. Puis on est allé du côté de la rue Saint-Denis boire d'autres coups et vaquer à d'autres occupations. Jean-Pierre Papin, qui s'était marié trois jours avant, nous attendait dans un bar en jouant au flipper. Sur un terrain, c'est lui qui faisait tilt au fond des filets ! De toute façon, pas sûr qu'il nous aurait suivi, même sans être passé par chez le Monsieur le Maire. La rue Saint-Denis n'était pas son genre. Était-ce l'euphorie de se retrouver tous, et dans ce club mythique qu'était l'OM, et en équipe de France ? C'est comme si la vie nous avait brièvement rendu une adolescence souvent contrariée par l'exigence de notre futur métier. Toujours est-il qu'on ne se posait pour l'heure pas cette question ! Embués tel le pare-brise de ma 205 en hiver, nous ne faisions plus attention à rien, jusqu'à ce que Bernard Pardo, le plus madré de nous tous et qui connaissait bien les lieux, regarde sa montre. Nous serions forcément en retard – il fallait compter une bonne heure, vu la circulation, déjà, pour joindre la forêt de Rambouillet – pour notre premier entraînement, et surtout, dans quel état !

Là-bas, constatant, et notre retard, et notre degré d'alcoolémie reniflable à des kilomètres à la ronde, notre sélectionneur pourtant si vénéré, Michel Platini, nous punit en nous filant une amende et surtout en nous concoctant un entraînement basé sur le jeu de tête et rien d'autre en une – présumée – farouche opposition. Autant dire que je fus parfaitement incapable de frapper le ballon, alors que c'était mon point fort. Et je ne fus pas le seul... La 1661 n'est certes pas l'amie des sportifs... Michel convoqua un peu plus tard Bernard Pardo, notre aîné, à part, dans son bureau. Pour lui dire grosso modo ceci : « C'est la première et la dernière fois. Et si jamais on perd contre la Pologne dans deux jours, tous ceux qui étaient de cette virée pourront oublier la sélection ! Alors, prenez vos responsabilités... » On n'a pas perdu. 0-0. Mais on n'a pas gagné non plus. Match médiocre, selon la presse, du duo Papin-Canto « en méforme » et grosses inquiétudes données par la défense, inclus Caso et Amoros. Ce n'était pas juste : Sauzée, qui avait été de la revue Fouquet's/rue Saint-Denis, était capitaine ! Quant à moi, blessé, j'étais sur la feuille de match, point final. Il valait mieux, de toute façon, que je ne rentre pas sur le terrain. C'est vrai que, de nous tous, j'avais été le plus bourré en arrivant à Clairefontaine... En revanche, cette saison-là, avec les Bleus, on ne perdit pas un seul match... On l'avait bien entamée, finalement. Autant que nous l'avions été, œnologiquement parlant. Sur l'ensemble

1990-1991, nous avons disputé 15 matches. Quatorze victoires et un tout petit nul contre la Pologne, donc. Il faut croire que le bleu ciel de l'OM déteignait de la meilleure des façons sur le bleu plus foncé de l'équipe de France et ça, c'était aussi une fierté. Mais pas de doute, Jipé avait moins le sens de la démesure festive que nous autres et il en irait de même à Marseille, une ville qui pourtant la respire par tous ses pores… Ce sérieux si rarement pris en défaut, sa quasi-addiction au travail et, surtout, son talent hors norme, feront de lui le Ballon d'Or France Football 1991. Mais auparavant, je me souviens l'avoir vu tirer… une de ces tronches à l'issue du match contre le Spartak Moscou en demi-finale de la Coupe d'Europe ! Abedi et moi avions marqué et nous étions qualifiés pour la finale. Eh bien, Jipé faisait la gueule parce que lui ne l'avait pas mise au fond !

Ce qui aura modifié en définitive nos rapports dans le bon sens, c'est le temps que nous prenions lui et moi après les entraînements ; je me souviens que mes coéquipiers s'amusaient à me balancer des centres que, de la tête, je repoussais vigoureusement, jusqu'à pas très loin de la ligne médiane. De sacrées cacahuètes ! Je savais bien faire ça… J'admirais Jean-Pierre pour sa capacité à s'entraîner toujours plus quand il ne marquait pas. D'interminables séances de frappes. Alors, un jour, je l'ai approché et lui ai dit : « Jean-Pierre, tu connais mes faiblesses ; mes frappes, je ne les fais que du plat du pied… » Il me répondit alors : « C'est simple, tu t'entraînes avec moi après… » C'est ce que nous fîmes désormais systématiquement. Moi, à force, j'avais mal à mes deux pinceaux, mais pas lui ! Grâce à lui, je progressai vitesse grand V devant le but, les fois où je m'y trouvai. Il aura aidé Waddle ; il m'aura aidé. Il savait que ça aidait l'OM. Ça nous rapprocha. Au point qu'il m'invita à son mariage. Mais je suis sûr qu'il parlait de moi à Tapie, qu'il lui racontait comment se passaient nos entraînements auxquels n'assistait jamais le Boss.

Longtemps, il avait snobé Abedi Pelé que j'avais vu juste avant que l'on parte en stage à Digne. Une divine surprise. La gentillesse incarnée et le talent à l'avenant ; je l'avais connu surtout quand il jouait à Lille en compagnie de mon frère Roger. C'était un musulman du Ghana, une douceur incroyable émanait de sa personne et de sa voix. Tapie était allé le chercher en 1987 au nez et à la barbe de Monaco. Abedi m'avait appris comment, en rigolant. Le Boss avait à l'époque fait courir la rumeur qu'il était séropositif. Il lui avait juste demandé de dire aux toubibs monégasques qu'il ne voulait pas de prise de sang, qu'il ne supportait pas ça. Pendant ce temps-là, Tapie a fait courir la rumeur du VIH via un employé de l'OM proche de Monaco à qui il a dit sciemment que Marseille ne prendrait jamais Abedi Pelé, car il était séropositif. Ça n'a pas loupé. Comme s'y attendait Tapie, l'employé a tout balancé à l'état-major monégasque qui, apeuré, n'a donc pas embauché mon cousin d'Afrique ! Le club monégasque, tombé dans le panneau, renonça, et le lendemain, Pelé signait à Marseille !

Remarquez, ses deux premières saisons ne furent guère réussies. JPP l'avait dans le nez. Il fut alors prêté à Lille où tout roula pour lui dans le bon sens. Alors, le retrouver là, tout sourire, fut pour moi un grand bonheur. Tapie avait reconnu son immense talent, malgré les avis passés de celui qui était ses yeux et ses oreilles sur le terrain. J'aimais bien la proximité d'Abedi. Moi, j'étais l'Afrique exubérante et occidentalisée, lui, la discrétion ; une Afrique plus authentique. On rigolait bien tous les deux, seulement Abedi ne buvait pas une goutte d'alcool – sa religion le lui interdisait –, contrairement à Chris. Et à moi. Notre kiné de l'époque, le délicieux Alain Soultanian, alias « Museau » ou encore « Musaraigne », m'a rappelé un jour l'une des joutes verbales que nous avions eues avec Abedi. Le thème en était qui était le plus africain des deux. C'est lui qui eut le dernier mot en posant cette question imparable : « As-tu déjà vu un lion dans la savane ? » Je lui répondis : « Au zoo, oui, mais pas dans la savane. » « Donc, tu n'es pas africain ! », conclut-il, vainqueur par K-O.

Une fois, on jouait un match amical contre l'Inter Milan. Abedi revenait tout juste de Dakar où s'était déroulée la finale de la Coupe d'Afrique des Nations. Suspendu, il n'avait pu jouer la finale avec son pays, le Ghana, du coup orphelin de son Pelé, contre un Nigeria, victorieux, 0-0 onze tirs au but à dix ! Le voilà qui arriva à San Siro habillé en costume Versace ! Carlos Mozer et moi, on a rigolé en le voyant... Tapie lui tomba alors dessus : « Qu'est-ce que tu fous dans cette tenue ? Tu es prié d'aller mettre un maillot parce que tu joues ! » La tête d'Abedi ! Il avait les boules ! Contraint et forcé, il a donc disputé la deuxième mi-temps. Et le voilà qui frappe un corner. Comme d'habitude, les grands défenseurs, Carlos et moi-même montons et Abedi sait où nous déposer le ballon. Ça ne loupe pas, je suis au second poteau, comme d'habitude, et je marque ! Je vais alors pour l'embrasser et il me dit d'un ton rogue : « Va te faire enc… » On était tous morts de rire. Mais lui était vraiment fâché. Mais les orages ghanéens sont brefs et, après le mauvais, le beau temps revient vite… Comme le dit un proverbe ivoirien : « Le caillou de la colère tue rarement l'oiseau visé. »

Quant à la finale de Bari que l'on perdit en 1991, Abedi avait son avis là-dessus. Pour lui, tout avait été la faute de notre ministre des sports, à l'époque Frédérique Bredin. Quand Tapie invitait quelqu'un d'important, il le faisait immanquablement descendre dans nos vestiaires, histoire de se faire mousser un peu… Mais selon la culture africaine d'Abedi, il ne fallait pas tendre la main à une femme avant un événement important ; qu'elle ait ses règles ou autres, ça portait malheur. La Ministre est donc venue nous voir quand nous étions au vert près de Bari. « C'est qui, ça, Base ? Pourquoi elle est là ? », me demande Abedi, soudain très inquiet. Je lui explique. « Elle va nous porter la poisse », me dit-il, convaincu, et de refuser de lui serrer la main… Je l'ai forcé, il a fini par obtempérer, mais n'en pensait pas moins. Et on a perdu. Il en était sûr.

Abedi était une sorte de Brésilien du foot. On ne lui prenait pas le ballon et lui, tout en finesse, sans avoir l'air d'y toucher, vous laissait sur place. Il sera élu Ballon d'Or africain l'année où JPP sera Ballon d'Or[5], et il le sera deux autres années consécutives. Mon but vainqueur en finale à Milan ? C'est à lui que je le dois ; c'est lui qui s'arrache pour obtenir un corner, c'est lui qui le frappe. Discret, il ne la ramenait pas en dépit d'un talent insensé.

Sûr que Chris dépotait davantage ! Mais c'est la musique qui, tout de suite, nous a liés l'un à l'autre. Il avait débarqué à Marseille un an avant moi. Tapie était allé le chercher à Tottenham alors qu'il supervisait un autre joueur. Chris m'a raconté il n'y a pas si longtemps l'histoire de sa venue, que je ne connaissais pas dans le détail : « Je regardais le tournoi de Wimbledon avec mon coéquipier Paul Walsh ; nous étions dans les loges ; la saison était terminée. Son agent l'appelle et lui demande : "Chris est avec toi ? Une équipe en France veut le faire venir." Alors que je venais de signer pour sept ans à Tottenham ! » Il s'avère que Tapie était donc venu superviser Walsh, qu'il avait trouvé celui-ci fort médiocre au contraire de Gascoigne et de Chris. Tapie avait estimé que l'OM était déjà suffisamment pourvu en milieux de terrain de talent. En revanche, le côté très joueur de Chris, très *entertainment*, lui avait plu tout de suite. Trouvant que son talent n'était pas évalué à sa vraie valeur – Chris n'était même pas international ! –, il avait vu en lui, avec

5. Distinction suprême, le Ballon d'Or France Football récompensait à l'époque le meilleur joueur aligné dans un championnat européen. Jipé fut le premier et reste le seul à l'avoir obtenu en jouant dans un club français. Le Ballon d'Or africain France Football récompensait quant à lui un joueur… africain, mais qui n'évoluait pas nécessairement en Europe. Abedi l'a remporté trois fois de suite, de 1991 à 1993. Normal et plus que mérité.

raison, une star propre à enflammer le Vélodrome et la ville tout entière. Résultat : son transfert, je crois, fut à l'époque le plus onéreux de la planète après ceux de Maradona et Gullit. Quelque chose comme 15 millions d'euros. C'est une fois revenu de la Coupe du monde 1990 que je fis sa connaissance durant le stage de Digne. Il n'avait rien d'une star. En tout cas, il ne cherchait pas à le devenir. Un jour, après l'entraînement, il me dit : « Viens donc me voir à Aix. » Il y avait déjà ses endroits, des copains. On a bu un coup – il est très bière – et un morceau anglo-saxon sortait des enceintes du bistro. Il a été surpris que je reconnaisse le groupe et, de fil en aiguille, on a tchatché là-dessus. Lui n'aimait pas la Soul ou le RnB américain. Ses groupes, c'était Queen, Eurythmics, Culture Club, Paul Young. Moi, je lui répondais Luther Vandross, qui venait de sortir une balade énorme, *Here and Now*, Aretha Franklin et Manu Dibango. Mais il était à l'écoute et le feeling passait entre nous. Très vite, chaque soir, je sortais avec lui, et Abedi me le reprochait. Quand il est venu à son tour chez moi à Aubagne, il a halluciné devant le nombre de CD que j'avais en ma possession. Notre amitié est née en dehors des terrains mais, du coup, sur la pelouse, je mettais le pied à qui lui faisait du mal, j'amenais du monde quand il avait le ballon afin qu'il puisse revenir vers l'intérieur… Nous n'étions certes pas exemplaires, mais qu'est-ce qu'on a pu se marrer ! Dans le car aux couleurs du club, on se faisait des blind tests. Et dès la deuxième journée – ça n'a pas traîné –, nous nous sommes fabriqué un souvenir inoubliable. On gagnait à Metz 2-0 ; nos femmes passaient la journée ensemble à Marseille.

On leur a dit qu'on rentrerait tard, ce qui se justifiait, le temps qu'on rentre de Lorraine avec l'équipe dans le jet souvent piloté par Tapie en personne. Mais une fois qu'on a atterri et comme nous n'avions pas le droit d'aller en boîte de nuit, on s'est sifflé moult bières tout en écoutant de la musique dans ma nouvelle Range Rover et son boîtier à douze CD. On chantait, on buvait, on se racontait nos trucs. Mais il fallait bien rentrer. Je l'ai ramené chez lui vers 4 heures du matin : il s'est pris une claque par son épouse ! Et comme chez moi, la maison était fermée à clé, on a fini la nuit et dormi dans ma bagnole. Nous avions un décrassage prévu vers 9 h 30. À 8 heures, on a frappé à la vitre : deux motards. Des cadavres de bouteilles jonchaient les bas de portières. Ils nous ont questionnés, bien évidemment. Je leur ai répondu qu'on avait fêté l'anniversaire de Chris Waddle. Ils nous ont alors demandé où on allait ; réponse : « À l'entraînement ! » Et ça n'a pas loupé, ils ont mis les sirènes plein pot et nous ont escortés jusqu'à Luminy ! C'était ça, Marseille. Tout le monde nous avait à la bonne. Les flics ne devaient pas être dupes, certainement, mais on nous pardonnait tout. L'OM rythmait la vie des gens et rien n'a changé depuis. La preuve : tout ce qui a entouré la mort du Boss depuis quelques jours. Malgré ses défauts, malgré sa rouerie, Tapie le fonceur a rendu la fierté à cette ville qui souffrait plus qu'une autre de la centralisation napoléonienne qui veut que tout se décide à Paris. Même les transferts… Certainement au courant de nos agapes nocturnes, il n'avait rien dit, sûrement très affairé par le remplacement de Gili par Beckenbauer. Et comme on gagnait tout le temps…

En revanche, notre disque commun, sorti une semaine avant la finale de Bari, l'énerva au plus haut point. Pour une fois, il n'avait pas été mis au courant. Chris avait déjà enregistré un morceau avec Glenn Hoddle du temps de Tottenham, en 1987. *Diamond Lights*, qui avait fini à la douzième place dans les charts anglais ! Pas mal ! Un morceau sérieux, très audible pour qui aimait la pop synthétique de cette époque. Chris me proposa de remettre ça. Je connaissais Mat Camison, le type qui avait composé l'hymne de l'AJA et bossé également avec Claude François et Sheila. Il a fait venir au studio des musiciens du groupe Kassav' et nous a concocté *We've got a feeling*, vite fait, bien fait, avec un clip à la clé. Chris et moi, on avait demandé si on pouvait venir avec femme et enfants. Et amis…

Il y avait un barbecue et ça n'a pas loupé, on a descendu force bières. Autant dire que la première prise ne fut pas la bonne, puisqu'on ne tenait même pas debout ! Une fois dégrisé – c'était quand même moins sérieux que *Diamond Lights* ! –, j'ai joué l'Africain de service avec ma chemise bariolée et mon accent forcé dans une sorte de rap hip-hopé pendant que Chris parlait anglais avec un accent frenchy.

Voilà que je me remets à fredonner dans mon compartiment TGV et je souris :

> « Hello Chris, sacré British
> Tu les rends fous
> Comme un rien du tout
> Tu fais des zigs, tu fais zag

À gauche, à droite
Comment tu fais tout ça ?
Yeah, yeah, yeah, we've got a feeling ! Saga Dance, Saga dance ! »
Et Chris de me répondre à son tour :
« Basile, my friend
You knocked me out
Why you so big and strong like that ?
You jump so high
You run so fast
How come you do all that ? »

Mon voisin, qui a ôté ses écouteurs, fait une drôle de tête. Je baisse d'un ton ; je me calme. Les souvenirs communs avec Chris sont tellement joyeux… Pourtant, comme Tapie, certains joueurs n'apprécieront guère cette retentissante sortie des clous qui avait surpris tout son monde, allant même jusqu'à dire après coup que les germes de la défaite de Bari y étaient contenus. Le morceau fit un tabac quelques jours, jusqu'à la défaite. Mais on avait pris beaucoup de plaisir à le faire, rien que tous les deux. Malheureusement, le bonheur d'être à ses côtés ne dura pas, puisqu'il quitta l'OM à la fin de la saison 1991-1992. Et je n'ai pas pu lui dire au revoir, puisque les internationaux étaient partis en Suède disputer l'Euro. La France et l'Angleterre en faisaient partie. Personne ne savait qu'il partirait, pas même lui ! Mais ce que le Boss veut… Vendu très cher à Sheffield Wednesday, Chris m'avouera part la suite qu'il voulait a minima rester en France mais que, pour Tapie, il était hors de question de le céder à un club français. Il aurait tellement aimé faire de vrais adieux devant ce public qui, à juste titre, l'idolâtrait… Ce qui me fit néanmoins très plaisir, ce fut cette interview qu'il donna à un quotidien anglais peu de temps avant que ne s'affrontent France et Angleterre pour l'Euro 1992. Il y disait que j'avais été son meilleur pote, que la musique nous avait réunis, que j'étais un mec hypersympa sur qui on pouvait compter. Il y évoquait JPP, Canto, mais le meilleur feeling qu'il avait eu, c'était avec moi. Ça m'a vraiment touché ! Il n'y développait pourtant pas cette anecdote si marseillaise : lors de son arrivée à l'aéroport de Marignane, il avait donné son tout premier entretien à une meute de journalistes. Question de l'un d'entre eux :

« Alors, impatient de jouer au Vélodrome ce soir ?
– Ce soir ?? Mais… Je viens d'arriver ?
– Quelle chanson allez-vous y interpréter ?
– …
– Vous n'êtes pas le chanteur de Pink Floyd ? »

Ha ! Ha ! Ha ! La presse n'en fera jamais d'autres ! Chris et sa coupe de cheveux de mulet, qui a fait des émules, commençaient bien ! Qu'est-ce qu'on a pu le chambrer avec ça ! Il a bien fait d'en changer avant que je n'arrive ! Mais je rigole à nouveau tellement que mon voisin me regarde bizarrement. N'empêche. On n'a pas idée combien Chris et sa façon incroyable de tout dédramatiser, de toujours mettre en avant le jeu et l'amusement avant même la nécessité de la victoire était devenu populaire. Il était même acclamé par les supporters de nos adversaires. Ça n'est pas donné à tout le monde.

6

Marsiho

« Excusez-moi, vous êtes bien Basile Boli ?
– Oui… »

Ça y est. Je le sentais venir, ça. Je n'ai pas très envie d'échanger maintenant. Ça m'embête de laisser tomber mon pote Chris comme ça, en plein passé. Ou alors, il faudra que mon voisin soit sacrément intéressant !

– « Quand je dirai à mon fils que j'ai voyagé en votre compagnie, il en restera baba ! Il est fan de l'OM et pas de l'OL ; je travaille en Avignon.
– (Ça commence mal) Il a fait le bon choix, dis-je sèchement.
– Vous connaissez André Suarès ?
– Euh non…
– C'est un écrivain-poète-moraliste né à la fin du XIXe siècle. Il est né à Marseille et fut l'égal des plus grands au XXe siècle :

Paul Valéry, André Gide, Paul Claudel, mais la postérité l'a quelque peu oublié.
– Pourquoi ? En général, Marseille n'oublie pas ses héros ; pour moi Skoblar, Magnusson, Waddle… »

L'homme rit avec moi et me demande tout à trac :

« Et Robert Parienté, ça vous dit quelque chose ?
– Celui de *L'Équipe* ?!
– Oui !
– Il en était le rédacteur en chef quand j'ai débuté à Auxerre et même à Marseille. Même qu'on le surnommait le « pape de l'athlétisme », tellement il connaissait tout ça sur le bout des doigts ! Je crois même qu'il a pris sa retraite l'année où on a été champions d'Europe. Mon ami Pape Diouf – paix à son âme –, superféru de sports, m'avait déjà parlé de lui.
– Eh bien, il est quasiment le seul à avoir écrit un bouquin sur André Suarès, à avoir tenté de le réhabiliter.
– Je ne savais pas. Une tête, ce Parienté !
– Parfois, nul n'est prophète en son pays et la reconnaissance ne vient pas en son propre temps, ce qui est souvent douloureux pour l'ego de celui qui en souffre.
– À l'OM, ça n'a pas été notre cas et, où que l'on aille, nous sommes toujours vénérés comme des dieux vivants. »

Je me demande tout de même où il veut en venir… Il reprend :

« Et connaissez-vous Philippe Caubère ?
– Ça me dit quelque chose. C'est un acteur marseillais, non ?

– Oui, oui. Il est né lui aussi à Marseille. C'est surtout un acteur de théâtre, un metteur en scène. »

Il sort un petit bouquin rouge de son sac et regarde si son MacBook posé sur sa tablette est bien chargé.

« Ce livre s'appelle *Marsiho*, « Marseille » en provençal. Il est publié aux éditions Jeanne Laffitte.
– Je sais ! Elles sont à Marseille. Il y a pas mal de ses bouquins dans une librairie le long du vieux port, cours Honoré-d'Estienne-d'Orves. La librairie des Arcenaulx. On peut même y manger !
– Vous voulez parler d'une nourriture spirituelle ?
– Non, non ! J'y ai mangé du poisson il n'y a pas longtemps, mais je ne crois pas qu'elle existait sous cette forme-là à mon époque.
– Ah ! Bon. Plutôt que de vous lire un extrait de *Marsiho*, je voudrais vous montrer Philippe Caubère sur YouTube. Il a joué *Marsiho* plusieurs fois, à Marseille, évidemment, entre autres, et je l'ai vu au Festival d'Avignon. Lui aussi, ça l'a rendu fou de savoir ce génie ignoré. Suarès a écrit plein de choses, des récits de voyage comme *Le Voyage du condottière* – toute l'Italie y passe – ou encore ce *Marsiho*, une ode-poème à sa ville natale, mais sans complaisance aucune. Il y décrit à sa façon le Marseille des années 1930. C'est d'ailleurs peut-être sa franchise brute – il appelle un chat un chat et n'est pas diplomate pour deux sous – qui lui a joué des tours question popularité… Ceci dit, Caubère, ça l'énerve quand, vu de Paris, on résume Marseille à l'OM. Il dit que c'est une insulte pour les Marseillais que d'entendre dire ça. Qu'il y

a bien d'autres aspects… Moi aussi, ça m'énerve, du reste. Mais… regardez et écoutez-le. Ça ne vous dérange pas ? Je ne vous force pas la main ?
– Non, non. Ça va me faire du bien. Vous savez, je reviens de l'enterrement de Bernard Tapie… Depuis deux jours, je ne cesse de ressasser mes années OM et encore maintenant. Alors…
– On y va !

L'acteur est tout de blanc vêtu. Il s'agite, parle fort ; il est Marseille.

« La mer, à Marseille, ne connaît pas le flux ni le reflux, ou si peu que rien. Mais la libration des masses humaines n'a pas de moindres effets sur l'espèce que les balancements du satellite sur les fluides de la planète. L'anarchie de Marseille est sa marée ; le flot des races monte et, vague sur vague, il semble submerger la vieille Phocée. En vain : l'antique et toujours jeune Marseille, repaire femelle de joie et d'énergie, rétablit son ordre, reprend son équilibre : l'instinct de vivre est un jusant plus puissant que l'anarchie. Le fond grec et provençal de ce peuple repousse les houles du chaos ; une gaîté puissante est le second mistral qui souffle du Rhône sur ces collines sœurs de l'Ionie, et qui refoule la marée dangereuse dans la mer, matrice universelle, où elle se purifie. Nul peuple ne croit plus fortement à la vie. »

« Arrêtez ! Mettez sur pause. C'est beau… J'adore le "flot des races qui monte" et la fin : "Nul peuple ne croit plus fortement à la vie." Euh, c'est quoi le "jusant" ?

– C'est la marée descendante. Le reflux.
– Quelle puissance ! Même si je ne comprends pas tout, c'est super évocateur ! Et vrai, sûrement. Et ça l'est resté ; c'est ça, le plus beau et qui m'a toujours touché ici. Il y a, à Marseille, un poids de l'histoire qui est omniprésent, mais pas si pesant que ça. Je voudrais dire aux jeunes d'aujourd'hui combien c'est bon de s'inscrire dans une filiation et de connaître ceux qui vous ont précédé. C'est valable dans tous les domaines et dans le foot particulièrement. Moi, c'est Éric Cantona qui, le premier, quand j'étais à Auxerre, m'avait parlé des grands joueurs passés de l'OM : les Larbi Benbarek, Gunnar Andersson, Josip Skoblar, Roger Magnusson, Jairzinho… Si je prends Gunnar Andersson, par exemple, il est inhumé au cimetière Saint-Pierre de Marseille. Y sont enterrés des grands de la ville : Gaston Defferre, Henri Verneuil, Edmond Rostand. Eh bien, sa tombe est toujours fleurie. Il y a toujours quelqu'un pour venir se recueillir auprès de celui qui était surnommé « 10 h 10 » à cause de la position de ses pieds. Un buteur exceptionnel. Vous voyez, c'est ça, Marseille. L'histoire est un héritage dont on se souvient et que l'on vénère. On vit avec. Vous voyez, Canto, il est né à Marseille. Il est né quand Skoblar commençait à marquer but sur but. Il ne l'a pas vu jouer, probablement. Mais ses parents lui en ont forcément parlé. Ses parents qui d'ailleurs étaient d'origines espagnole et italienne. J'ai toujours aimé ces mélanges, ces origines ethniques différentes. Je me sens bien avec ça. Vous voyez, je passe un peu du coq à l'âne mais, en musique, c'est pareil. J'aime le rythm and blues. Puis j'ai découvert le rap à Marseille, vecteur de révolte mais aussi

d'intégration via IAM. Un jour, un copain m'a dit qu'Isaac de Bankolé, l'acteur ivoirien, aimerait me rencontrer. Il est venu au décrassage, je crois qu'il a aussi assisté à un match et, de fil en aiguille, je me suis retrouvé un soir à une petite fête et j'ai assisté à une représentation de chants coptes égyptiens. C'est peu dire que ça m'a plu. Ça m'a touché profondément. Je me sentais appartenant à une même famille. C'est à Marseille que j'ai découvert cette fraternité multiculturelle. Comme quand tu viens au stade Vélodrome : tu ne sais pas à côté de qui tu es assis ; un vieux mafieux, un jeune gamin... Mais tu fais vite connaissance et c'est "Allez l'OM" pour tout le monde, quelles que soient les origines. J'ai vu il n'y a pas longtemps un très beau reportage sur OM TV. Je ne sais plus comment il s'appelait, mais on y voyait un rabbin, un imam et un curé essayant de conjuguer leurs offices avec le foot. Ils racontaient le score et les matches à leurs ouailles. Quand tu les voyais ainsi tous les trois, tu te disais qu'il n'y a que le foot pour, à Marseille, réunir en paix la chrétienté, l'islam et le judaïsme. Et c'est beau ! En fait, la religion de Marseille, c'est l'OM. Même si on ne peut résumer la ville à ça, je suis bien d'accord avec Caubère. Mais quand vous êtes immergé dans le foot, c'est absolument inouï ce que vous pouvez ressentir en termes de foi, de responsabilité, de bonheur quand ça rigole. Et je peux vous dire que tous les jours à l'OM, je me suis amusé. Et même si je n'avais pas gagné la Coupe d'Europe, même si je n'avais pas marqué ce but de la tête, ce que j'ai vécu en quatre saisons à Marseille fut un rêve éveillé. Vous pouvez appuyer à nouveau sur *play*. »

Et Caubère de poursuivre : « Que le provençal sonne bien à Marseille ! Le provençal est le français au soleil, sur le bord de la mer et du vent, avec le plein et juste accent du peuple le plus salé qui soit au monde. À la Cannebière retentissent toutes les langues ; tous les jargons se croisent, tous les idiomes, l'anglais et l'arabe, le danois et le grec, le turc, l'italien, l'espagnol et le chinois. Mais dès qu'on entend le provençal, Babel s'efface. La ville et le pays se retrouvent dans leur vérité intacte. »

« On peut penser que l'OM a remplacé le provençal, non ?
– *Marsiho* a été écrit en même temps que le *Marius* de Marcel Pagnol.
– Qui, lui, est resté à la postérité : "Tu tires ou tu pointes." C'est à Jean-Pierre Papin qu'on aurait dû dire ça, ha ! ha ! ha !
– C'est dans *Fanny*. Mais vous avez raison : tout le monde connaît Pagnol via sa trilogie marseillaise. Si les écrits de Suarès avaient été adaptés au cinéma, peut-être aurait-il connu un autre sort ?
– Vous savez, je pourrais aussi vous parler de footballeurs de grand talent restés dans l'ombre… Parce qu'ils n'ont pas pu être là au bon moment. Mais même si je ne suis pas un intello, je ressens beaucoup de choses ; je suis hypersensible, je crois, et j'ai vécu aussi, moi, ce *Marsiho* que je découvrais à ma façon… Mais excusez-moi ; j'ai besoin de me reposer. »

7

En ville

L'homme d'Avignon féru de théâtre a rallumé mon feu. Quelle ville, Marseille ! Je me souviens que c'est au bout de la huitième journée et de la victoire contre le PSG 2-1 que j'ai vraiment commencé à me sentir à l'aise ici. Une victoire sur Paris, la capitale honnie, mettait toujours Marseille en ébullition et, comme je participais à cette fête sur le terrain, je commençais à y être apprécié. Je sentais cette ferveur, bien plus, évidemment, que dans ma petite ville d'Auxerre où l'on parlait d'un gros match « contre le club de la capitale » pendant deux jours quand, ici, c'était toute l'année… Oui, je sentais la température monter quand j'allais chiner au Virgin Megastore, rue Saint Férréol, un immeuble baroque du début du XXe siècle, aussi beau que celui des Champs-Élysées avec ses étages rococo, ses plafonds lointains et son marbre jaune. On m'y reconnaissait et je voyais de l'amitié dans les yeux passionnés des Marseillais.

Oui, je commençais à être reconnu et encouragé, par les chauffeurs de taxi notamment, tous dingues de l'OM sans exception, qui refaisaient le monde de leur club adoré et qui me disaient avoir toujours été certains que j'allais exploser. Ça faisait toujours plaisir après les banderoles racistes. Les foules sont versatiles et peut-être ici plus qu'ailleurs, vu la folie ambiante qui me plaisait tant.

Au fil des mois, je me suis immergé dans cette ville bouillonnante et je m'y sentais bien. Son métissage m'allait comme un gant, me mettait à l'aise. Je retrouvais un peu de mon Abidjan dans ses rues populeuses. Mon périmètre d'action, qui était aussi celui de mes coéquipiers, commençait cours Julien dans le 6e arrondissement pour se poursuivre dans le 1er, forcément : Belsunce, Noailles et le Vieux-Port, dans le sens de la descente, et s'achever sur la Corniche.

C'est place Notre-Dame-de-Monts que j'ai découvert la musique urbaine de la ville. Elle n'a pas beaucoup changé depuis, avec ses hautes maisons pleines de charme aux longues fenêtres étroites, son jardin d'enfants, ses quelques cyprès et micocouliers. Elle est juste beaucoup plus taguée qu'au début des « nineties ». Il y a même un tag de Bernard Tapie ! Dans le temps, bien avant que je ne signe à l'OM, se tenait ici un grand marché de primeurs, essentiellement des fruits et légumes, qui ont migré depuis aux Arnavaux, dans le nord de Marseille. C'est donc là qu'un jour, Éric Cantona – je crois que c'est lui – m'a amené pour ma première claque musicale. L'Espace Julien, dont le président aujourd'hui n'est autre qu'... Éric Di Meco, était juste en face ; une salle de concert quelque peu enfouie, mais avec des verrières multicolores au plafond et aux murs façon vieilles halles/pavillon Baltard, magnifiquement rénovées. Éric avait découvert ce bel endroit coloré en allant s'acheter un Levi's 501… J'y suis retourné ensuite plus d'une fois, mais toujours sans Abedi, qui n'aimait pas ça.

J'y ai vu sur scène Akhenaton et Kheops alias IAM, juste avant qu'ils ne deviennent les superstars du genre. Les musiciens qui les accompagnaient étaient top. C'était super. J'ai aussitôt sympathisé avec l'un des leurs : Shurik'n. Il y avait quelque chose d'africain dans leurs emprunts et ça me parlait. Ça me parlait de l'histoire de Marseille, de la Massilia port grec, de l'exception culturelle de cette ville aux milles influences.

Et ici à Marseille, on avait vraiment le sentiment qu'IAM était précurseur ou même inventeur d'une forme de rap à nul autre pareil, plein d'humour mais très engagé, aussi. L'OM et IAM : même combat ! Quelque chose d'extraordinairement singulier, propre à la ville, le « M » en commun, bref, unique.

> « Car si j'ai grandi au milieu des rues
> Ayant derrière moi des tas de flics au cul
> Je me suis vu et j'ai su m'engager sur une piste
> Les cités de Marseille semblent bien tristes
> L'enfance est passée, depuis, combien d'amis sont tombés
> Ne se sont pas relevés, combien de mères j'ai vu pleurer

Sur les corps de leur fils par la mort, fauchés
Pendant sept jours sur le béton des tours
Les larmes de Dieu qui tombaient du ciel
Pour ce monde fou, de Satan la cour
Je regardais les violences de mes yeux de miel
J'ai vu les feuilles mortes des arbres en automne
Tourner aux couleurs de rouge vif comme
Le fleuve de sang qui encore se répand
Prend sa source en Afrique et s'étend aux quatre vents. »

Red, Black and Green : j'en ai des frissons. Tout ça m'allait droit au cœur. IAM, André Suarès, même combat, soixante ans plus tard. J'adoptais Marseille, elle m'adoptait et j'étais heureux. Intensément. Porter le maillot bleu et blanc était vraiment devenu une fierté et je me sentais – comment dire ? – affilié à la poésie du rap marseillais.

Pas bien loin de là, en contrebas, Le Mas, rue de Lulli, en face de l'Opéra. Tout le monde vous le dira : s'il y avait un endroit qui restait ouvert toute la nuit et où l'on pouvait malgré tout bien manger, c'était celui-là. Pape Diouf, décédé il y a peu du Covid, était un ancien journaliste franco-sénégalais du quotidien communiste *La Marseillaise* que j'avais connu du temps d'Auxerre quand il voulait déjà devenir mon agent, qu'il sera bel et bien par la suite. C'est lui qui, un jour, m'a dit : « Le patron du Mas, Robert Lenoir, veut te voir ; il a des choses à te dire. De toute façon, il te faut y aller. »

Je ne comprenais pas bien ce que tout cela signifiait mais, ivre de mieux faire connaissance avec cette ville si étonnante, je me rendis donc au Mas, un petit restaurant aux allures glauques de bar à putes où je demande un certain Robert Lenoir. À l'intérieur, les hommes étaient bien sapés, portant des pantalons à fines rayures verticales et des Borsalino sur la tête. On se serait cru revenus dans les années 1930 décrites par le fameux film, avec Belmondo et Delon en caïds de la pègre. Et voici Lenoir qui sort du fond de la salle en claudiquant – il s'est pris jadis des balles dans le buffet –, vient vers moi, encore très costaud malgré son âge, intimidant, et me dit :

« Je vais te demander quelque chose mais, d'abord, je veux te montrer cette photo. Tu reconnais ce monsieur ?
– Non… Mince ! Papa !! »

C'était une photo des années 1950. Je me suis dit : Merde, où a-t-il trouvé ça, ce gangster ?

« Oui, ton père était à l'armée, ici. »

Mon père. Jean Zozo Boli. Tirailleur sénégalais, ancien sous-officier de l'armée française, ex-commandant de police. Légion d'honneur et croix de guerre. Fan de Cassius Clay devenu Mohamed Ali. Tout ce qui le concerne me bouleverse alors, quand des nouvelles de son passé surgissent par inadvertance… C'est vrai que résidait ici une importante communauté africaine, mais mon père ne m'avait jamais parlé ni de sa jeunesse – il fut aussi et surtout militaire à Toulon –, ni des gens qu'il avait pu rencontrer. Et en Afrique, les enfants ne questionnent pas leurs parents sur leur passé quel qu'il fut, glorieux ou pas.

Et l'ancien garde du corps de Gaëtan Zampa, ancien parrain du milieu marseillais, de me mettre curieusement en garde sans que je ne sache trop sur quel pied danser :

« Tu vois, c'est la première et la dernière fois que tu viens ici à l'Opéra. Ne fais pas comme les Brésiliens ou comme Marius (Trésor[6]). Si tu viens ici, je le saurai…
– Entendu… »

Telle était l'autre face de Marseille, où vous deviez rencontrer nécessairement un « tonton » pour être, quelque part, adoubé. Tous les joueurs connaissaient cet homme, bien connu des avocats, toujours très aimable, et il les connaissait tous. Une incontournable figure, un endroit qui ne l'était pas moins pour qui voulait veiller tard. Et plus, si affinités. Bon, Johnny Halliday s'y est quand même fait tirer dessus…

Quand j'ai parlé de tout ça à mon père, il a pris un peu peur :

« Lenoir est un gros caïd !
– T'inquiète, il m'a interdit de revenir à son bar. »

6. Premier joueur international black populaire, Marius Trésor, défenseur bien plus doué que moi a joué à l'OM de 1972 à 1980. Mais Michel Hidalgo aimait à dire : « Que signifie le mot "équipe" ? C'est la plus belle chose au monde, il n'y a pas de couleur. La couleur reste le bleu, blanc et rouge. » Ou le bleu et blanc pour l'OM.

À quelques mètres de là, juste de l'autre côté de la rue Francis-Davso, l'Opéra. Ça n'était pas notre tasse de thé ; bien davantage celle d'Alain Soultanian, notre kiné tant aimé, arménien d'origine, celui à qui on se confiait sur la table de massage en toute sécurité. Il savait tout de nous et même davantage – « ça ne sortira pas d'ici », répétait-il. Les diasporas sont très nombreuses à Marseille, incluse celle d'Arménie qui fuyait le génocide turc. Telle était la matrice du film d'Henri Verneuil, de son vrai nom Achod Malakian et lui-même fils d'immigré arménien, débarqué à La Joliette à quatre ans, venu le présenter en avant-première ici à l'Opéra fin novembre 1991, soixante-sept ans plus tard devant le tout Marseille. Ça avait été un grand événement, présenté par Yves Mourousi. Tous les journaux du coin – *Le Provençal, Le Méridional, La Marseillaise* – en parlaient, éclipsant même quelque peu les actualités OM… Le film s'appelait *Mayrig* – « maman » en arménien – et Alain m'a raconté combien il avait aimé ses parents et que cette projection l'avait ému aux larmes quand il était allé la voir ce soir-là. J'aime ces histoires d'adaptation, d'intégration. Elles mettent en scène les familles, les anciens, l'avenir qui les attend, autant de choses qui me concernent de près. Mais une suite toute marseillaise a moins défrayé la chronique et, pourtant, elle est tellement typique… Après la diffusion du film et les débats qui ont suivi, Verneuil et les vedettes du film, Richard Berry, Omar Sharif, Claudia Cardinale et consorts sont allés manger un morceau non pas au Mas mais en face de l'Espace Julien, dans un resto arménien qui a disparu depuis. Ce soir-là, un groupe post-punk,

The Meteors, y était à l'affiche – pas mon style, ça ; plus pour Chris ! –, mais on a refusé du monde et, du coup, campaient sur la place près de deux cents personnes très agitées, sous le nez des acteurs, invectivés par des dealers. Ça s'est tendu, puis poursuivi en bagarre, puis terminé pas loin de là, à L'Évêché, l'équivalent du quai des Orfèvres à Paris, à savoir l'hôtel de police de Marseille, où, décidément, tout peut toujours arriver.

Plus bas, après avoir descendu la Canebière, on trouve plein de restaurants sympas, cours Honoré-d'Estienne-d'Orves (qui longe le vieux port), place Thiers comprise, mais le challenge est pour nous autres joueurs de ne pas s'y faire repérer. En ce temps-là, point de réseaux sociaux mais, si l'on vous reconnaissait, c'était aussitôt l'émeute. On avait trouvé notre cantine carrément sur le vieux Port au Nul Part ailleurs, quai Rive-Neuve. Comme ça n'était pas a priori le meilleur des endroits pour passer inaperçu, le patron, Patrice, nous accueillait volontiers, Chris et moi, mais aussi Di Meco et Franck Sauzée le midi – il y a moins de curieux que le soir, mais nous y allions aussi –, tout au fond du fond de son antre, au bout d'un long boyau étroit, là où il recevait ses livraisons. Il nous y installait une grande table, pas loin des poubelles ! Et nous étions bien. Patrice, aujourd'hui cheveux gris et catogan, est toujours un fondu de l'OM ; il était de tous nos déplacements, que ce soit en France ou à l'étranger. À l'époque, je me souviens, il gueulait toujours après Raymond Goethals. Il le traitait de pitre, décrétant toujours à qui voulait l'entendre que c'était son patron qui faisait l'équipe : « À Milan, à San Siro, quand ils perdaient, ce sont les joueurs eux-mêmes qui ont tout changé sur le terrain ! Ce sont Di Meco et Caso qui se sont chargés de changer notre disposition ! » Deux ans plus tard, les joueurs ont apporté au restaurant la Coupe aux grandes oreilles devant le patron, ému. Il nous connaissait tous sur le bout des doigts. Un jour, c'est même moi qui ai fait la pizza ! Je suis sûr qu'il s'en souvient encore. Il s'obstinait à mettre des anchois sur sa pâte et je n'aimais pas ça. Un soir, après je ne sais plus quelle défaite, je lui ai apporté les ingrédients pour faire une pizza que j'aime, moi. Je lui ai amené du piment ivoirien et je l'ai préparée moi-même dans son four. Viande hachée, fromage, oignon, ail, huile d'olive. J'étais couvert de farine, ce qui a fait rigoler tout le monde, y compris Abedi, qui n'aimait pas les pizzas. Je crois qu'il a repris la recette depuis, mais sans piment. La pizza Boli, quoi… J'aimais bien me taper ensuite des pâtes au pesto. On était vraiment tranquille, au Nul Part Ailleurs, où l'on nous fichait une paix royale ; personne ne savait que nous étions là. Et je n'oublierai jamais que c'est d'ici qu'Éric Di Meco et moi avons envoyé un message de prompt rétablissement à Tapie peu de temps avant sa mort. Et qu'il nous a répondu, toujours bravache : « Ce sera Munich et pas Milan ! »

Ça me fait mal. Je préfère repenser à Los Craignos, un groupe de musicos – de Florent Pagny ? – dont nous avions interrompu la prestation… Il me semble que c'était au soir du match décisif contre Bruges avant la finale de Munich contre le Milan AC en 1993, que l'on a gagné 3-0. Ou alors, était-ce après une victoire en championnat et donc quelques jours avant la Coupe d'Europe ? Volatils sont les souvenirs. On se souvient d'une soirée arrosée, mais on ne sait plus trop où et quand elle a eu lieu, trente ans plus tard. Ce que je sais, c'est qu'Éric nous avait emmenés au Bungalow Café, car il connaissait bien son patron et il y chantait même parfois. C'était sur la corniche, pas très loin de l'avenue du Prado à l'emplacement actuel du Comptoir Marseillais. Beaucoup d'enseignes ont disparu, depuis ces années folles… Je crois que le monde, Marseille en l'occurrence, change plus vite que du temps d'André Suarès… Bref, on y a déboulé ; des musiciens tapaient le bœuf ; je crois que Dédé (Deschamps), Rudi (Völler) et Franck (Sauzée) étaient avec nous. On était déjà bien éméchés, faisant croire qu'on savait jouer et on les a remplacés sans leur demander leur avis. Nous étions devenus bien plus craignos que Los Craignos ! J'ai chanté de ma voix rocailleuse – je chantais souvent, au grand dam de certains de mes coéquipiers –, et ceux qu'on a remplacés n'ont rien compris ; les clients non plus.

N'allez pas croire pourtant que nous faisions la foire vingt-quatre heures sur vingt-quatre. Ces moments-là me reviennent ; je ne peux pas lutter contre les bons souvenirs. D'ailleurs, nous nous tenions parfaitement bien, sauf exception – il y en a eu quand même, mais pas de notre fait – au Maracana, le restaurant du stade où nous descendions après chaque rencontre, sous la tribune Jean-Bouin. C'est le Boss qui avait fait réaliser et aménager cet immense espace tout moderne bien qu'un peu froid, dévolu aux joueurs, mais aussi et bien sûr aux VIP, aux sponsors de tout poil. Un Marseille couleur Europe avait besoin d'un tel établissement, carrefour des influences. Celui qui en filtrait les entrées n'était autre que Gratien Tonna, légende de la boxe marseillaise née à Tunis et qui avait affronté en son temps Carlos Monzon pour le titre de champion du monde des poids moyens. Avant de se prendre une giclée de plomb dans le buffet, plus tard… J'aime autant vous dire que ses mains, de vrais parpaings, faisaient la largeur de mes cuisses et qu'il valait mieux filer doux avec lui en cas de baston. Il était pourtant gentil comme tout et nous restions bien sages…

Parfois, vu la pression, décompresser avait du bon ! On avait déjà fait le coup au patron du King, Edgar, un autre bar de la nuit marseillaise où on picolait, on chantait et on chambrait. Pixie était là. Cette fois, ça avait été avant un match à Toulouse. Mais je suis persuadé d'une chose : si les observateurs vantaient toujours, sur le terrain, notre attitude solidaire, de groupe, c'est parce que nos matches se gagnaient avant tout à l'amitié. J'en veux encore pour preuve un jour de l'an passé chez Eydelie, à Gémenos, près de chez Di Meco et de chez Abedi. Jean-Jacques, Éric et Franck Sauzée avaient organisé le truc, avaient fait des courses en revenant de vacances en Espagne et déniché un DJ pour animer la soirée. C'était comme un bal masqué, j'étais arrivé en cours de soirée déguisé en… Tina Turner. Je devais chanter son célèbre tube *What's Love Got To Do With It*. Ce sont nos femmes qui nous avaient déguisés – la mienne était habillée en militaire ; je lui avais emprunté un de ses strings. Je ne me rendais compte de rien, mais toute ma religion se voyait, passait à travers. Elle se voyait tellement que Sauzée a tiré sur ma bite ; j'étais en talons aiguilles de cinq centimètres et, battant en retraite, je me suis aussitôt cassé la figure. Nous avions entraînement trois jours après et j'avais encore très mal au derrière. Les joueurs savaient ; le coach, non.

Je ne saurais terminer mon heureux tour de ville sans mentionner la frêle et jolie Monique et sa rouge brasserie, Le New York, aujourd'hui remplacé, hélas, par un Hippopotamus, face au Vieux-Port, quai des Belges, mais ça n'était certes pas la cantine de Raymond Goethals qui préférait rester cloîtré dans son Concorde Palm Beach à jouer aux cartes ! Blague à part, Le New York, c'était en quelque sorte le café d'Edgar de Paris à la sauce phocéenne ; le haut lieu interlope de toutes les rencontres : artistes, acteurs, chanteurs, politiciens, journalistes, quelques dirigeants de renom comme... le Boss, Michel Hidalgo et Franz Beckenbauer et... nous. Monique ? Une sorte d'encyclopédie marseillaise connaissant tout sur tout et sur tout le monde ! Et muette comme une tombe si vous lui confiiez un secret. Il fallait la voir débouler de son petit bureau où elle comptait sa recette, au fond de la salle, pour mieux nous installer à l'étage, là où on ne nous verrait pas trop... Le cœur culturel de la ville battait ici. Le directeur du théâtre de La Criée, Marcel Maréchal, venait souvent dîner et il n'était pas rare que le grand acteur qu'est Pierre Arditi monte, en haut, sur une table pour rejouer *Don Juan* à la sauce rap ou plus efféminée. Ça rigolait bien, autour. L'immense cantatrice Jessye Norman qui donnait un concert pas loin à l'Opéra est même venue ici ; avant de monter – il fallait toujours MONTER –, elle a reçu une standing ovation de dix minutes montre en mains. Je n'ai pas connu un tel succès, mais j'étais toujours prêt à faire le show. Parfois, je débarquais seul à l'improviste, sapé comme un milord juste pour faire la bise à notre patronne chérie. Et quand je venais avec Chris et les autres, c'était pour me lancer dans mes imitations favorites.

Je posais alors des lunettes de soleil sur mon nez, revêtais une veste et un nœud papillon noirs – un nœud « twist », comme on disait à l'époque – et, d'une voix volontairement éraillée, j'entonnais :

> « *Hit the road Jack and don't you come back*
> *No more, no more, no more, no more*
> *Hit the road Jack and don't you come back no more*
> *What you say ?* »

« Prends la route et ne reviens plus »… Je ne sais pas si je faisais exprès d'entonner la chanson de Ray Charles, si elle était alors chargée de sens, mais Deschamps, Éric, Chris et les autres me faisaient une belle claque ! Tiens, Le New York était tellement prisé à l'époque que TF1 y établit son campement le soir des élections régionales. Troublée, Arlette Chabaud trouva le moyen de prendre l'antenne en annonçant qu'elle était en direct de New York et non pas « du ». Mais elle avait raison, sans le vouloir : Le New York, c'était notre Grosse Pomme à nous, symbole d'une ville qui ne dort jamais et sait acclamer ses héros.

8

La Major devenue stade

Le TGV contourne Lyon à pleine vitesse, passe le Vercors en revue puis le mont Ventoux. Je me suis assoupi aux côtés de Monique et des Raelettes, les choristes de Ray Charles. Il y a pire, comme sensation. Mon érudit voisin me salue. Finalement, il m'aura beaucoup aidé dans le *revival* de mon passé. Il est des rencontres importantes, même sans rien connaître de l'autre. Qu'ici, en l'occurence, je ne reverrai probablement jamais. « Mesdames et Messieurs, dans quelques instants, le TGV entrera en gare d'Avignon. Avant de quitter vos places, assurez-vous de ne rien avoir oublié dans le train. La SNCF et son personnel de bord ainsi que son personnel de restauration vous souhaitent une excellente fin de journée. Avignon TGV. »

Pas le temps de me rendormir que nous voilà déjà à Marseille Saint-Charles ! Un peu plus de trois heures pour rallier la Grande Bleue de Paris me laisse toujours pantois. Comme les dribbles de Chris, les buts de JPP ou les arabesques d'Abedi. Quand je jouais à l'OM, le TGV Méditerranée n'existait pas et nous prenions toujours l'avion. La gare Saint-Charles a elle aussi beaucoup changé, avec ses magasins modernes sous sa voûte métallique façon Eiffel. Ambassadeur du club depuis 2015, j'ai demandé une voiture. Je n'aime pas trop la pancarte « Boli » que tient le chauffeur sur le quai et qui peut attirer les curieux. Je n'ai qu'une envie : que l'on me fiche la paix. Ressasser est plus fatigant que l'on croit. Mais ça tombe bien : dans sa noire limousine, il sera fort silencieux. Pourtant, sa réelle ressemblance avec Raimu me fera sourire intérieurement et j'aurais parié que son verbe serait haut et sa parole intarissable, comme dans la partie de boules de… *Fanny*. Mais non, pas un mot. Il est en deuil lui aussi et je l'apprécie d'autant plus pour cela. Il sait comme moi que c'est à Marseille que Bernard Tapie a voulu être inhumé. Silencieuse complicité. J'ai vraiment envie d'être tranquille, à l'InterContinental, d'où l'on jouit d'une vue imprenable sur le Vieux-Port et plus loin sur la Bonne Mère Notre-Dame de la Garde. Ça me fait du bien d'observer ces deux lieux mythiques de la ville que je connais si bien. Auxerre, sa cathédrale, son petit centre-ville médiéval et ses bords de l'Yonne, vous en aviez vite fait le tour. Marseille, il me faudrait une seconde vie pour toujours la découvrir. Décidément, j'adore ce magnifique bâtiment du XVIIIe siècle qui me fait voyager dans le temps et ses chambres cossues aux très larges lits. Je téléphone à Carlos Mozer et Abedi Pelé. Ils avaient besoin d'infos pour le lendemain, deuxième jour de messe pour notre Boss à tous. J'irai à ses obsèques à pied. C'est à La Major, dix minutes à peine. En attendant, j'allume ma télévision et vois, aux informations, l'hommage que le Vélodrome a donné à Tapie. Son cercueil est arrivé sur les accents de *Jump* de Van Halen, comme quand on pénètre sur la pelouse juste avant le match. Ils sont plus de trois mille ; des gens pleurent. J'éteins.

Le lendemain, mon voyage dans le temps va se poursuivre, car je retrouve devant la cathédrale Éric Di Meco et Jean Tigana. Et Jean-Luc Reichmann, qui animait *Les 12 coups de midi*. On échange quelques mots douloureux. Il y a déjà beaucoup de monde alors qu'il n'est pas encore 11 heures, et on peut entendre déjà de loin le convoi des supporters qui ont décidé de rallier le Vieux-Port à la Cathédrale. Et apercevoir ses fumigènes. Si le Boss était vivant, il aimerait cette atmosphère de match de l'OM et tous ces gens qui hurlent « Tapie, Tapie ! ».

Je ne sais plus qui m'avait expliqué que les architectes de Sainte-Marie-Majeure avaient voulu y représenter toutes les religions mais, en tout cas, avec ses faux airs de Sainte-Sophie d'Istanbul, elle symbolise bien, comme l'OM, toute la géniale mixité de cette ville métisse. Elle est immense aussi à l'intérieur. J'y retrouve Jean-Louis Borloo également, ami de très longue date du Boss, président de VAFC, puis maire de Valenciennes durant les années folles – de l'OM s'entend –, et qui portait déjà le cercueil avec moi l'avant-veille à Paris. Sympa, comme d'habitude, celui-ci aura pour le défunt des mots qui me toucheront : « Bernard, tu es rentré chez toi pour toujours. Tu n'as pas été maire de Marseille, mais tu as été Marseille. Pendant ces quatre années d'un combat titanesque, tu t'es battu comme un Marseillais, tu as tenté plusieurs fois comme Basile de mettre un coup de boule à tes cancers et de tuer le match. » Pas de doute : un ancien ministre comme lui, ça sait parler aux morts et surtout du mort aux vivants. Et il l'avait déjà prouvé à Saint-Germain.

Ensuite l'un des petits-fils de Tapie, Louis, va nous tirer les larmes en nous jouant brièvement le chant religieux bien connu *Amazing Grace* à la trompette, debout devant l'autel. Je me liquéfie. La musique m'émeut souvent, quel que soit son genre. Et c'est sur *We Are The Champions* de Queen, mais joué sur de grandes orgues, que nous quittons La Major. Je suis K.-O. Non, décidément, je n'irai pas participer aux hommages du Vélodrome. Pourtant, oh oui, je les aime, ces supporters !

L'OM peut compter sur un soutien populaire sans nul autre pareil et je n'ai évidemment pas attendu la mort du patron pour le constater. Quel autre président que lui pouvait faire venir autant de monde à son décès ? Personne. Lui, le Parigot, le mec, comme moi, du 9-3, a conquis Marseille, l'a fait rêver, l'a fait pleurer, l'a rendue fière. Avec lui, nos fans ont grandi, se sont mis à la hauteur des événements. Me concernant, le « Basile tu pues, va te laver le cul » a duré l'espace de quelques gouttes sur Marseille.

Ce fut bref. Tout partait à l'époque d'un jeune chef naturel : Depé. Alias Patrice De Peretti. Il était le roi des South Winners qui animaient le virage sud. Il était torse nu quel que soit le temps, quel que soit le déplacement qu'il ne manquait jamais. Je le revois ainsi, exhortant son groupe à encourager les siens, derrière son mégaphone, jeune chef charismatique au corps de christ. Sa vie n'était qu'OM. Il se levait OM et se couchait OM, semblait vivre de rien. Sa maison, c'était nos terrains d'entraînements, il dormait parfois au Vélodrome et il n'était pas rare qu'Éric Di Meco le ramène en voiture. Invité par le conseil départemental au lendemain de la victoire en Coupe d'Europe, Tapie lui offrira sa médaille. Même pour cette cérémonie officielle, Depé était torse nu ! Un an plus tard, il créera les « MTP » (Marseille Trop Puissant). Il est mort en 2000 ; il avait 28 ans et aura connu le meilleur de Marseille en brûlant la chandelle par les deux bouts.

Les supporters de l'OM, on les entendait durant les matches, ça c'est sûr, le Vélodrome plein comme un œuf faisait une fantastique caisse de résonance, mais nous n'avions pas beaucoup d'échanges avec eux. Encore que ! Un soir de défaite, à Lens ou à Lille, je ne sais plus, Carlos Mozer et moi nous rendons au parking du Vélodrome récupérer nos voitures. Carlos avait une BMW à gueule de squale, une 850, magnifique, garée juste devant la sortie des vestiaires qui était en train de se faire vandaliser sous nos yeux par de jeunes godelureaux. Surpris, ils se sont planqués entre des rangées d'autres voitures, puis se sont enfuis. J'ai poursuivi le mien qui a traversé en courant le boulevard Michelet avant de m'échapper à toutes jambes dans des ruelles menant à d'improbables cités obscures. Rachid Zeroual – car c'était lui ! – m'a raconté cette merveilleuse anecdote trente ans plus tard ! Entretemps, j'avais largement sympathisé avec l'autre tête pensante des South Winners, mais lui l'est resté et l'est toujours. Emblématique, il aura beaucoup fait pour que les Winners croissent et embellissent. Comme Depé, Rachid, lui aussi torse nu, était présent à tous nos matches ; il n'a pas dû en rater un seul depuis ! Contrairement aux mecs du Kop Of Boulogne du PSG qu'il a à l'époque combattus, lui a toujours revendiqué l'esprit familial de son groupe et son multiculturalisme : aux South Winners, on peut être d'origine asiatique, arabe, de n'importe quel pays, de n'importe quelle couleur, comme le chante Bernard Lavilliers, et ça, ça m'a toujours parlé ! Une seule religion : l'OM. Et dans cette foule immense et bruyante autour de La Major, j'en aperçois, avec leurs écharpes, leurs grands drapeaux à l'effigie de Tapie et leur casquette orange, la couleur des Winners.

Mais j'élude les « au revoir », trace mon chemin vite fait à travers la foule et me fais ramener à la gare Saint-Charles par Thierry Agnello, alias « Moustique », ancien journaliste du *Méridional* et responsable du pôle communication de l'OM, et le speaker du club Dédé Fournel. Nous sommes muets. Un silence énorme, assourdissant, qui en dit plus long que n'importe quel discours, fût-il d'un ancien ministre d'État. Mais dans ma tête tourne et retourne le si beau manège dont Bernard Tapie m'a offert quatre années de tickets. Avec quelques tours gratuits dont un, fameux, à Munich…

9

Valses à Milan

Et me voilà dans le TGV du retour. Déjà. Ces derniers jours ont été tellement éprouvants moralement que j'ai hâte de retrouver mon chez-moi, porte Maillot, et faire le deuil, progressivement. Le Boss. Nanard. Quoi qu'on en dise, quoi qu'on en pense, c'est grâce à lui que j'ai pris mon envol et vécu les plus belles années de ma carrière avec de vraies aventures humaines, au-delà des résultats secs. Et pour la majorité de ceux qui étaient à mes côtés durant ces trois ou quatre saisons, c'est la même chose.

C'était l'euphorie ; chaque jour la joie d'être là, parmi mes meilleurs joueurs du monde. En 1990-1991, je pense que l'OM avait la meilleure équipe de son histoire, supérieure encore à celle qui sera sacrée championne d'Europe deux ans plus tard. Et je ne suis pas le seul à le penser. Les changements d'entraîneurs ne nous perturbaient pas. Copains potaches nous étions, et gare à celui qui nous interdirait de faire les andouilles après les entraînements. Un après-midi, après un pari perdu lors d'une petite opposition, je me suis ainsi retrouvé obligé de faire le tour du terrain. Complètement à poil. Merci Olmeta. Notre facétieux gardien corse n'était jamais le dernier pour organiser un barbecue et son after… Je me demande si ça n'était d'ailleurs pas entre les deux matches contre le Milan AC en quarts de finale de la C1 ? Bien sûr, le Boss ne manquait pas de nous voler dans les plumes quand il le jugeait nécessaire. Ainsi, après la défaite 3-2 à Poznan en huitième de finale aller de Ligue des Champions nous avait-il balancé : « Vous avez paumé contre l'équipe du Crédit agricole polonais. Pas de loosers dans mon équipe ! Et surtout, pas de clans ! La qualif', je ne vous en parle même pas et ne venez pas me demander des primes ! »

Mais c'est mon Kaiser Franz qui fit surtout les frais du courroux patronal, même si l'on gagna 6-1 au retour (avec une défaite à Nancy 2-0 entretemps en championnat). Tapie appela le Belge Raymond Goethals qui lui avait fait tant de misères quand il entraînait Bordeaux, et vogue la galère aux voiles bleues et blanches avec à la barre son nouveau capitaine, seul maître à bord après Dieu, c'est-à-dire le Boss… Ses cheveux teints, sa cigarette Belga sur sa lippe toujours pendante, son accent belge, son sourire, ses causeries et ses démos tactiques sur une nappe de restaurant avec les verres figurant les joueurs – bref sa façon d'être – nous marqueront à jamais. Bien sûr, l'adepte de l'équipe type

– qu'il conservera –, ne fera pas que des heureux. Tigana, le gardien Huard et Cantona feront les frais de ses choix toujours supervisés par Tapie. Mais le reste de la troupe se marrait bien, s'entraînait dans la bonne humeur, bossant sur deux schémas tactiques, un pour la Ligue 1 et l'autre, plus défensif, à cinq derrière, pour l'Europe. « Mof ! Je vais te diiire, hein ? Quiiii est plus foooort que mon Boli, mon Môzéééér et mon Caso, hein ?? Quiii ? Eeeeh bien, person', ça n'est pas autrement ! » Et avec notre « papa clopes », on ne connaîtra la défaite qu'une seule fois en championnat à partir de sa prise de fonctions début janvier. Il connaissait son métier, le bougre… Il avait aussi le chic pour dédramatiser des événements qui auraient pu laisser des traces comme la menace de démission du Boss après qu'il eut été dans un premier temps condamné pour « manquement grave à la morale sportive », des faits qui avaient précédé mon arrivée au club. La guerre Bez (le président de Bordeaux)-Tapie. Du coup, on avait menacé de faire grève, Tapie avait failli quitter le club, mais la sanction infligée ne l'empêchait pas, en définitive, de rester président. Simplement, interdit de représenter le club, il ne pouvait plus emmerder Goethals sur son banc, ce que ce dernier apprécia…

Mais la grande affaire demeurait européenne. Nous avions devant nous en quarts de finale le plus rude et le plus capé des adversaires, le Milan AC, avec son escouade de Hollandais volants – Gullit (Ballon d'Or 1987), van Basten (Ballon d'Or 1988 et 1989, puis en 1992) et Rijkaard, toujours bien classé à ce concours – et ses Italiens de gala :

Baresi, Donadoni, Maldini, Ancelotti et son entraîneur, Arrigo Sacchi. Du très lourd, de l'immensément lourd. Raymond avait bien fait potasser le jeu des Italiens par son adjoint Jean Fernandez, qui faisait sans arrêt l'aller-retour Marseille-Milan pour en rapporter des kilomètres de notes. Le stage de Digne qui avait préludé laissa deux joueurs sur le carreau : Huard qui s'opposa de front à Goethals, lorsque celui-ci lui proposa de jouer dans les buts mais juste pour que JPP puisse s'entraîner, et Tigana, pour qui ce ne fut même pas de la mise au vert. Ça faisait un bail que, par ailleurs, le sorcier belge ne comptait plus sur Éric Cantona. Un exemplaire d'un de leur dernier échange ?

Canto : « On ne met pas Cantona sur le banc ! »

Raymond la Science : « Aloooors, prennnds donc une chaiiiise et mets-toi à côté ! »

En revanche, Pixie était de retour après quinze semaines d'indisponibilité.

Sur place, on a apprécié l'endroit. C'est bon d'être bien logé… Nous vivions près d'un lac pas loin de Côme, dans une région calme et idyllique. L'hôtel, sur un promontoire, ressemblait à un vieux château, et les chambres du Castello di Casiglio, avec leurs poutres apparentes, avaient un charme désuet. On était loin de tout certes mais, quand on s'ennuyait un peu, il y avait toujours un Pascal Olmeta pour amuser la galerie. Une nuit, il a défilé dans les couloirs, déguisé en fantôme portant une grande bougie !

Quand nous sommes arrivés le jour du match à San Siro, Tapie égrenait seul un chapelet dans les vestiaires. C'était la première fois que je le voyais dans cet état de méditation religieuse, mais je ne suis pas complètement sûr de la spontanéité de son geste… Mon pote de défense centrale Carlos Mozer, très pieux, m'a néanmoins soufflé : « Faut qu'on fasse quelque chose pour le Boss ! » Après la rencontre, Tapie fumait dans les vestiaires et nous dit : « Laissez la presse, je m'en charge, c'est pour moi ! » Et de déclarer qu'il n'échangerait son équipe contre la leur pour rien au monde. Il savait quand choisir son auditoire et quoi lui dire… Mais ça nous faisait du bien de le voir presque tendre. D'avoir vu sa glace se briser. Il faut dire qu'entretemps, nous avions disputé l'un des meilleurs matches de notre vie, après avoir pourtant encaissé rapidement un but casquette qui nous fit bien rigoler, nous, les défenseurs. Casoni et Mozer – qui sifflotait en entrant sur le terrain ! – se firent tant de politesses que Gullit en profita. Mais on ne s'engueula pas, car nous ne doutions pas un seul instant que nous marquerions à notre tour, ce que Jean-Pierre se chargea de faire dix minutes plus tard sur un amour de passe de Chris. Avec notre défense en ligne à cinq, ultra-concentrés que nous étions, on les blousa tactiquement et on fit mieux que tenir le choc ensuite. Ce soir-là, véritablement, l'OM s'était fait une place enviable au banquet des plus grands. Restait à le confirmer deux semaines plus tard.

Ah, ce match retour ! Décidément, rien de commun ne pouvait se dérouler dans cette hallucinante atmosphère de fête. Bernard Pardo souffrait du genou et Chris avait fait venir son pote, le très fantasque – bien plus que lui ! – Paul Gascoigne pour le match. Notez bien que le génial milieu de terrain de Tottenham intéressait furieusement Tapie, d'où l'invitation. Chris avait eu beau prévenir Bernard du côté imprévisible de son hôte, ce dernier attaqua dès le matin les hostilités au vodka–Schweppes. Puis il disparut non pas dans la nature mais dans Marseille, où Pardo, qui le cornaquait, finit par le retrouver en train de vomir contre la statue de David, sous le soleil, au rond-point du Prado ! Là-dessus, l'ineffable pochtron pria Bernard de s'arrêter devant une épicerie pour y acheter des œufs. Puis, de la voiture, il demanda son chemin ; un quidam lui répondit et se prit aussitôt une coquille et son contenu en pleine poire ! Il paraît que c'était son jeu préféré, de Newcastle à Londres… Après la rencontre, il ne rencontra pas Tapie car, au restaurant du stade, Le Maracana, il vomit une fois de plus un peu partout après avoir brouté les fleurs des vases alentour ! Ça ne plut pas du tout au Boss – qui renonça du coup au transfert envisagé illico – malgré la qualification ! Car qualification il y eut, mais dans des conditions des plus rocambolesques. Devant Yves Montand (dont Marseille est la ville de naissance), Bernard Pivot, Jean-Paul Belmondo (qui tourna ici *Borsalino)* et Laurent Fabius, entre autres VIP, nous avions croqué dans cette rencontre de grand standing à pleines dents, à commencer par Chris, absolument déchaîné tout au long des quatre-vingt-dix minutes et même de plus en plus à mesure que la fin approchait. C'est lui qui marqua d'une volée croisée du droit sur une géniale déviation de la tête de

JPP après un centre d'Abedi. C'est ensuite que ça se corsa. Un projecteur faiblit, on y vit moins bien, mais Chris, qui s'était pris une quantité de coups sur la tête durant tout le match, partit tout seul au but et dribbla tout le monde avant de s'effondrer. L'arbitre ne siffla pas penalty. 90ᵉ minute. Chris, qui paraissait dans un état second, fut sifflé hors-jeu. Les photographes, les bancs de touche et leurs occupants, pensant le match terminé, envahirent le terrain. C'était le bazar. Le temps pour l'arbitre de faire sortir tout le monde et le projecteur métallique vacilla – on joua encore –, puis s'éteignit complètement ; zéro lux pour ce qui le concernait.

Voyant le parti à tirer de cet avatar sur tapis vert, les Milanais refusèrent de reprendre le match et quittèrent la pelouse. C'était LE bordel ! De voir leur capitaine Gullit essayer de persuader l'arbitre que tout était de notre faute, même s'il échangea son maillot avec JPP, et qu'il fit donc rejouer le match, m'exaspéra au plus haut point. J'étais inquiet devant la tournure prise par les événements. C'était vraiment trop con d'avoir si bien joué par deux fois contre la meilleure équipe du monde et de devoir remettre ça ! Mais il faut croire que le Boss avait vu juste dans sa volonté de faire de l'OM, par Beckenbauer interposé, un grand d'Europe. L'homme en noir, un Suédois, était énergique. Il fit reprendre le jeu, sans les Milanais, et siffla la fin du match dans la foulée. Et ce furent bel et bien eux qui furent privés de compétition internationale durant un an pour avoir tenté cette espèce de putsch à l'envers.

Au Maracana, Paul Gascoigne, bourré, attendait son ami Chris qui était parti en ambulance. Il ne s'était pas senti bien après la rencontre, ne se souvenait pas de tout ce qui s'y était passé – en tout cas pas de son but– et il était pris de vomissements. On diagnostiqua une commotion cérébrale. Soulé de coups, mon Chris. Et Paul, lui, de boisson. Les Anglais à Marseille, c'est quelque chose !

10

Don't Dream It's Over

Devenus les rois de l'Europe par une belle nuit mal éclairée sur la fin, nous étions certains d'aller au bout de la compétition, et de la remporter. Gonflés à bloc et toujours joyeux, après Milan, nous avons éliminé le Spartak en demi-finale sans trop de peine après un match aller là-bas, dont mon souvenir principal est le bris de crâne du pauvre Goethals contre la barre transversale de son banc de touche après être venu nous donner des conseils sur le terrain lors d'un arrêt de jeu. Notre kiné Alain Soultanian lui passa la bombe réfrigérée sur l'occiput, mais Raymond lui hurlait : « Non, pas sur les cheveux, pas sur les cheveux ! » Sa teinture n'y aurait peut-être pas résisté… Mais je me demande encore pourquoi l'entraîneur moscovite avait placé son meilleur joueur, le créatif Koulkov, au marquage d'Abedi Pelé ? Nous, ça nous arrangeait bien ; Abedi a marqué à l'aller comme au retour à Marseille et j'ai planté aussi au Vélodrome. De quoi avoir confiance jusqu'à Bari, notre destination finale, où l'on devait rencontrer en fin de compte l'Étoile rouge de Belgrade. Tant mieux ! On préférait rencontrer les Yougoslaves plutôt que le Bayern Munich…

Notre bel enthousiasme fut néanmoins quelque peu douché par plusieurs détails et non des moindres. D'abord, Bernard Pardo n'est pas parti avec nous. Touché aux ligaments croisés à l'issue du premier match à Milan, Tapie comptait absolument sur lui en Russie et lui avait fait venir des États-Unis une attelle de compétition. Pardo avait fait le voyage avec nous, mais n'avait pas voulu prendre le risque de nous affaiblir. Nous nous sommes donc qualifiés sans lui, mais appréciions toujours sa présence façon grand frère qui a tout connu et dont les conseils sont précieux. Mais quand il vint prendre sa feuille de route persuadé qu'une fois de plus, il nous accompagnerait, cette fois à Bari, le bras droit du Boss, Jean-Pierre Bernès, lui annonça qu'il ne partait pas avec les joueurs, mais dans l'avion de leurs épouses. Ce à quoi Bernard répondit : « Je ne suis la femme de personne », avant de décliner l'invitation et de rester à Marseille. Ordre du Boss de toute façon…

L'hôtel ensuite. Bisceglie, à une trentaine de bornes au nord-ouest de Bari, sur les bords de l'Adriatique. L'hôtel Villa. Pas le même style que celui du lac de Côme. Beaucoup de béton mais, surtout, beaucoup trop de sécurité. Des carabiniers partout, au pied de l'hôtel autour et sur les toits. Ça n'avait pas été voulu par le club, mais pas l'organisateur de la compétition, l'UEFA… Enfin c'est ce qu'on nous a dit. Moi, je crois que ça arrangeait bien notre patron de nous savoir cloîtrés. Avec son petit souterrain qui menait directement sur un petit terrain d'entraînement aux dimensions non réglementaires de soixante par quarante mètres. On n'a pas kiffé du tout cet endroit. On ne voyait personne, coupés de tout dans notre forteresse. Quand je pense qu'à Digne, au vert, quelques jours auparavant, on tchatchait avec tout le monde ! Mais nous étions tellement sûrs de notre fait… Avec le recul, je me dis que notre décontraction confinait à un manque d'humilité certain. La preuve, lors de ces quelques jours passés à Digne, avant notre départ pour Bari, Goethals nous avait proposé une séance de tirs au but. « On ne saiiiit jamais, alleï… » Nous lui avions ri au nez. Ce qui montre aussi qu'on pouvait un peu faire ce qu'on voulait avec notre papa préféré. Là-dessus, il y a eu la visite de la ministre des Sports et la sombre prédiction d'Abedi. J'ai aussi le souvenir d'un Tapie omniprésent. Les ligaments croisés de Di Meco grinçaient, mais, contrairement à Tapie, Goethals voulait le faire jouer. Éric m'a raconté que, la veille de la finale, le Boss, persuadé qu'il ne serait pas aligné, est allé voir Murat dans sa chambre pour lui dire : « Prépare-toi, tu vas jouer ! » Le petit jeune en a parlé à Goethals, qui en a parlé à Mozer. Celui-là, qui n'a jamais craint son patron, est allé l'affronter : « Éric doit jouer ! » Plus interventionniste que jamais, Tapie s'asticotait avec Raymond Goethals, qui ne céda pas pour Di Meco. Fournier et Germain jouèrent. Tigana et « Pixie » furent sur le banc. Mine de rien, le Belge savait y faire avec son patron. Il était malin ! Il repassait toujours derrière lui et quand il fermait la porte, il nous disait : « J'espèrrrrr que vouuus ne l'avez pas écouteïïï, une fois ! »

In fine, il y a eu ce put… de match. Nous avions l'impression que rien ne pouvait nous arriver, qu'on s'en remettrait toujours, si besoin était en cas de coup dur, aux bons offices de JPP, d'Abedi ou de Chris. Mais, comme nous avec Milan, les Yougoslaves avaient bien étudié notre jeu. Ils ont visé dès la première seconde le 0-0, en défendant de partout, privant notre trio magique de munitions. Et c'est ainsi que nous nous sommes retrouvés au bout du bout à une terrible séance de penalties. Philippe Vercruysse, rentré en jeu à la 75e minute, n'avait pas voulu tirer le sien. J'ai voulu le remplacer, mais les mecs m'ont dit : « Non Base ! » Hélas, Manu Amoros, qui ouvrait le bal, loupa le sien d'emblée et les Yougoslaves qui, eux, avaient potassé la question, n'en manquèrent pas un. On s'était vus trop beaux et nous n'avions plus que nos yeux pour pleurer. Surtout moi dont les larmes devinrent internationalement célèbres. Car à ce moment-là, tout est redescendu ! Je savais que mon père et ma mère regardaient le match, je portais en moi leur fierté, c'était le premier trophée de ma vie ; je voulais le leur dédicacer et voilà… J'étais inconsolable. Tigana et Pixie ont tenté de me réconforter, Chris sous la douche aussi, mais je me souviendrai toute ma vie de ce qu'il y sifflotait : *Don't Dream It's Over*, de Paul Young, dont je me suis toujours demandé quel était au juste le sens des paroles ?

« *Hey now hey now*
Don't dream it's over. »

« Ne rêve plus, c'est fini ? » Ou bien : « Ne rêve pas que ce soit fini. » On avouera que les sens sont opposés. Il faudra que je demande à Chris…

Ce qui fit davantage de sens, ce sont les bribes de conversation que je captai entre Franz Beckenbauer, qui était encore notre directeur sportif, et notre kiné Alain Soultanian qui, en pleurs, lui demandait pourquoi cette injuste défaite. Franz lui répondit de façon cinglante : « Tu perds parce que tu ne le joues pas pour le gagner ! » On a aussi le droit de penser que la rentrée de « Pixie » Stojkovic, face à ses anciens coéquipiers de l'Étoile rouge, fut trop tardive. Mais avec des si, on mettrait Marseille en bouteille.

Une fois que nous sommes rentrés à l'hôtel, le discours de Tapie fut très violent, à la mesure de son rêve envolé. Nous avions perdu contre moins bons que nous et je crois ne l'avoir jamais vu et entendu dans cet état de rage froide. « Vous n'êtes pas des hommes, vous allez tous dégager », grinçait-il. Puis, un peu plus tard, la mauvaise humeur aidant, on en fut à deux doigts d'une gigantesque baston. Notre superintendant, Louis Vassallucci, avait été obligé de réserver avant notre future fête au sous-sol de l'hôtel, puisque nous étions les favoris. Il y avait là une immense salle avec une scène et donc la possibilité d'un orchestre ; des tables, aussi. Bien entendu, Tapie a demandé à Louis de prévenir le directeur de l'hôtel qu'on ferait service minimum.

Mais ce dernier a dit : « Pas question, vous devez payer au moins l'orchestre. » Et comme il nous parlait mal, la conversation s'est rapidement envenimée, et il a fallu l'intervention d'un « Monsieur sécurité » pour qu'on n'en vienne pas aux mains. Ambiance.

Quand on manque une victoire finale d'un cheveu comme on raterait une médaille d'or aux JO, on peut légitimement se demander quand repassera un train, s'il en repasse un ? De fait, Tapie fera ce qu'il avait dit. Goethals paiera le premier les pots cassés et sera remplacé par Tomislav Ivic, un ex du PSG… qu'il remplacera à son tour… trois mois plus tard ! Toujours prêt, le Raymond ! Quant aux joueurs, ils ne seront plus que trois de cette époque sur le terrain de Munich deux ans plus tard pour un Bari à l'envers : Di Meco, Abedi… et moi-même. Quelques semaines plus tard, Vercruysse, Cantona, que Raymond avait snobé pour la finale, Huard, Tigana, Pixie Stojkovic, Pardo, Fournier, Germain – ces trois derniers au PSG – seront tous partis. Xuereb, Baills, Durand (que Goethals s'obstinera à appeler « Chose »), Sauzee, Deschamps, Steven, Angloma et Boksic arriveront. Cinq d'entre eux seront à Munich en 1993. La force de Tapie, c'était quand même de savoir rebâtir un groupe immédiatement.

11

Frères de sang

« Un médecin est demandé en voiture 4 ; un médecin est demandé en voiture 4, après le bar, merci ! » Quelques minutes plus tard, le TGV sera immobilisé en gare de Valence plus longtemps que prévu. Je verrai par ma fenêtre que, sur le quai, on s'affaire autour d'un homme allongé sur une civière. Je ne peux pas voir ce genre de scène, au cinéma comme dans la vie réelle, sans repenser au 5 mai 1992. Une date qui a bouleversé ma vie à jamais. Et à laquelle je pense chaque jour que Dieu fait. Le temps était magnifique, ce jour-là. Nous étions l'équipe à abattre et heureux de jouer à Bastia cette demi-finale de Coupe de France. Ça faisait un bail que nous avions été éliminés en Coupe d'Europe, alors on se rattrapait à l'échelon hexagonal. Deux semaines auparavant dans *L'Équipe*, la veille d'un Monaco-Marseille décisif pour le titre de champion, je m'étais entretenu avec Jean-Marie Lanoë, un journaliste que je connaissais depuis longtemps – j'avais dix-sept ans lorsqu'on avait fait connaissance à Auxerre. Pour lui, j'avais même laissé tomber l'épouse d'Abedi, que je devais ramener à Aubagne, afin qu'on se trouve tous les deux un coin tranquille pour discuter. Je lui expliquais alors combien les rendez-vous du mardi et du mercredi soir me manquaient, me rendaient dingue, même. Dans le genre pénible, ce jeûne imprévu me rongeait les sangs. Aussi la perspective d'un match forcément sulfureux me rendait-elle un certain sourire, celui que j'arborais avant les grands rendez-vous. Après tout, ce Bastia-OM de coupe valait bien, sur le papier, le huitième de finale de C1 contre le Sparta Prague qui précipita notre élimination il y avait quelques mois et celle de notre entraîneur d'alors, Tomislav Ivic, qui trouvait – je cite – « qu'on ne travaillait pas assez »... C'était donc avec son successeur, l'inévitable, et toujours disponible pour le Boss, Raymond Goethals que nous étions arrivés en bus. L'arrivée jusqu'à Furiani, dont le stade est niché au bout d'une impasse mal carrossée, s'était avérée fort délicate, tellement les supporters corses nous faisaient une haie de déshonneur à coups de cailloux sur les vitres et de bombes agricoles sous les pneus. Notre car s'était laborieusement garé au pied de la nouvelle tribune en tubulures que le club corse s'était fait construire en toute hâte pour l'occasion et on a même aperçu tout en haut un de ses occupants nous montrer ses fesses... Cap, vite fait, vers les vestiaires et une heure avant la rencontre, nous sommes sortis nous échauffer. Décidément, l'ambiance était d'une folle électricité, plus que tendue, vénéneuse même, avec une foule particulièrement hostile. J'avais rarement connu cela, mais ça me motivait aussi. Puis tout allait bien. On n'avait pas de pression. On avait déjà remporté le Championnat, JPP avait été sacré Ballon d'Or par France Football, Abedi Ballon d'Or africain… Simplement, Chris et Carlos Mozer allaient quitter le club, et on voulait gagner pour eux. Alors, malgré la palpable adversité, on s'amusait. Une de nos nouvelles recrues, l'Anglais Trevor Steven, ne connaissait pas la Corse et son public… Durant notre échauffement, en plein cagnard et dans un indescriptible vacarme, on lui a envoyé un ballon exprès du côté de la tribune sud, là où les supporters corses étaient les plus chauds. *Oh, my god* ! Une bombe agricole lui a explosé les chaussettes ! Chris et moi pleurions de rire. À un quart d'heure du début du match, l'arbitre Joël Quiniou convoqua les deux capitaines. Nous étions redevenus sérieux. Puis vint le temps de l'appel. Concentrés, nous l'encadrions, Bastiais et Marseillais, dans le couloir qui mène au terrain quand un grand bruit étrange, en continu, interrompit le vacarme alentour. Ce bruit, je l'ai et je l'aurai toujours en tête et, rien que d'y penser dans ce TGV, les larmes me reviennent. Je crois que c'est le responsable de la sécurité de l'OM, François Albertini, qui nous a avertis le premier. Il est revenu aussitôt et a crié : « Pascal (Olmeta) ! La tribune s'est écroulée ! Ta famille ! » Pascal le Corse, qui avait récupéré des places pour tous les siens, est sorti et tout le monde l'a suivi. Ça courait de partout ! De là où on était en sortant des vestiaires, on ne voyait pas que tout l'arrière de la gigantesque tribune s'était effondré. On a commencé par arracher les grillages du pan de gradins encore intact, devant, pour que les gens puissent sortir.

Je revois JPP avec une gamine dans ses bras ; son brassard de capitaine était un foulard, ça me revient maintenant... L'une des chances inouïes dans ce malheur, c'est que la structure métallique reposait aussi sur des lattes de bois qui nous ont aidés dans un premier temps à faire des brancards. On est rentré la tête la première dans l'échafaudage pour ramener et sortir de là un maximum de gens, puis les transporter au milieu du terrain, transformé en un gigantesque hôpital de campagne. Tapie nous exhortait à donner nos vestes, tout ce qui pouvait faire office de couvertures. J'ai vu des gamines transpercées par des tubulures. J'ai vu la mort, et ça n'était pas un film. Même si ça y ressemblait. C'était pire qu'*Apocalypse Now*. Tapie, moteur hors pair de cette gestion de crise, nous organisa. Tout nous servait : nos survêtements, nos maillots pour réaliser des couvertures de fortune ; on se transforma en porteurs de perfusions. Et pour comble de stupeur, on commença à reconnaître des victimes au sol, notamment des journalistes. Il est vrai qu'ils avaient tous été parqués tout là-haut, au dernier étage de ce monstrueux Lego. Et voilà Abedi qui me dit :

« Dis donc, Base, c'est pas ton ami, là, par terre, avec qui tu étais à Marseille l'autre jour ?
– Non, ça n'est pas possible !
– Si... »

Et c'était lui, hélas. Jean-Marie parlait, parlait, parlait pour répéter en une terrible litanie qu'il ne sentait plus ses membres inférieurs. On m'a dit qu'il a même demandé le score du match, sinistre conscience professionnelle. Je ne savais pas ce qu'il avait ; il était livide et ne bougeait pas. Autour de nous, ça hurlait bien sûr, ça parlait corse et j'aurais tout donné pour obtenir un peu de silence, là, maintenant… Alors j'ai gueulé : « C'est mon ami ! » On m'a dit : « O.K., aidez-nous à le mettre dans l'ambulance, on va s'occuper de lui. » Je suis monté dedans pour les aider, en faisant un peu le coup de poing tellement les places, en ce moment de panique, étaient chères. Il était plus blanc que blanc, on l'a enveloppé dans une couverture verte, on a gonflé une civière et là, il m'a pris la main comme pour me la broyer en m'implorant : « Base, me laisse pas ! » Quand il est parti, je tenais une paire de chaussures, je ne sais même pas si c'était les siennes… Aujourd'hui encore, je la ressens, sa main ; jamais on ne me l'avait serré si fort.

D'autres drames se nouaient en même temps. Avi Assouly, le plus populaire des journalistes marseillais, était donné pour mort. Notre médecin a même été jusqu'à le revêtir d'un drap, persuadé de son décès. C'est Alain Soultanian, notre kiné, qui m'a raconté cela plus tard, en pleurant. Dieu merci, Avi, qui porte si bien son prénom, vivra mais, décidément, les journalistes paieront un très lourd tribut à cette catastrophe. Pendant ce temps-là, les premiers hélicoptères ont atterri sur la pelouse de Furiani, les tôles de la tribune sud se sont soulevées, tranchantes comme des rasoirs, à cause de l'air des rotors. J'ai vraiment pensé qu'on allait se faire décapiter, car c'était noir de monde. Une fourmilière en panique et si fragile, si vulnérable…

Toute la nuit, sous les incessants vrombissements des hélicos, on attendit avec mes coéquipiers que s'éloignent les urgences vers leurs probables destinées, Marseille, Nice. On demeurait là, hébétés et impressionnés par tous ces hôpitaux de fortune, partout autour de nous, entendant parfois le nom de journalistes blessés et que, pour la plupart, nous connaissions bien. Tapie, qui était alors ministre de la Ville, s'engueula avec le capitaine des pompiers qui nous demandait de rester patients. Au petit matin, notre avion nous ramena à Marignane. Nous avions cette abominable impression d'avoir vécu un cauchemar qui était réalité. Pas de réveil salvateur.

Dix-neuf morts, plus de deux mille cinq cents blessés dont cinq cents chaises roulantes. Chaque fois que je reviens à Bastia, je suis choqué par le nombre de personnes handicapées. La plus grande catastrophe de l'histoire du sport français aurait-elle pu être évitée ? On saura après quelques jours que bien des dysfonctionnements avaient été relevés et signalés par les pompiers avant la rencontre. Ces cales en bois pour soutenir de maigres piliers d'aluminium, ces dérisoires colliers de serrages qui ne tenaient rien du tout, le *speaker* de la rencontre, Jean-Pierre Paoli, qui demandait aux spectateurs de ne pas taper des pieds à un quart d'heure du début présumé de la rencontre… Et comble du comble, une double billetterie qui avait rempli la fameuse tribune au-delà du raisonnable mais qui se serait de toute façon écroulée. Aurait-on pu annuler la rencontre à quelques minutes ou même quelques heures du coup d'envoi ? Notre terrible arrivée en autocar répond : « Non. » La topographie des lieux, l'unique chemin pour arriver à Furiani, l'immensité de la foule présente et l'importance de ce match ne pouvaient pas plaider pour un report. En revanche, ne serait-ce que la veille, certains corps de métier avaient déjà des craintes, mais ont été priés de ne pas trop les exposer sur la place publique…

Le lendemain, on a tous vu à la télévision le président de la Fédération française de football (FFF), Jean Fournet-Fayard, se défausser, responsable – et encore ! – mais pas coupable, là où la plus élémentaire des empathies réclamait une démission, même de façade. Le lendemain, j'aurai des nouvelles de Jean-Marie. Pas terribles mais rassurantes quand même. Je le retrouverai sur un stade un an plus tard ; il m'en racontera de sévères : qu'il était avec sa compagne au téléphone lui expliquant qu'il n'était pas rassuré quand la ligne a coupé – et pour cause –, que son papier d'ambiance s'intitulait « La nuit des Maures vivants » et qu'il commençait par cette phrase : « Elle est pas belle, la vie ? » Depuis, il m'appelle son « frère de sang ». Une cata, ça crée des liens pour la vie…

Quand je pense qu'il aura fallu attendre… trente ans pour que le football français accepte enfin de ne plus jamais jouer un 5 mai ! Pourquoi ? Pour les mêmes raisons que la tribune qui s'est effondrée. Des fois qu'on perde un peu d'argent… Ça me dégoûte. Avec Jean-Marie, j'en fais serment, nous retournerons ensemble à Bastia pour la commémoration de ce tragique événement. En attendant, j'espère que la personne qui s'est trouvée mal près de Valence va s'en sortir.

12

Pape et papiers

Ça me paraît aujourd'hui surréaliste de repenser aux relations que nous entretenions avec la presse. Elles étaient à l'image de nos installations sportives avant que La Commanderie ne surgisse de terre : apaisées, débonnaires. Tout le contraire de ce qu'elles sont devenues aujourd'hui. Sans forfanterie, chacun d'entre nous avait une carte de visite bien garnie. Un CV d'international, quoi. Aujourd'hui, au XXIe siècle, même un joueur de DH (ligue régionale) est capable de s'opposer à un entretien ! C'est vrai qu'à l'époque, l'ordinateur et Internet n'existaient pas ; le portable en était à ses débuts, et ne parlons pas des réseaux sociaux. La parole, la vraie, était reine et il n'y avait pas un monde fou pour la recevoir. Sur une semaine traditionnelle et ensoleillée, on ne croisait guère que les journalistes des trois quotidiens de là-bas : *Le Provençal*, *Le Méridional* et *La Marseillaise*, renforcés parfois selon l'affiche par ceux de la Capitale qui avaient tous intérêt à louer des voitures immatriculées dans le 13, car nos supporters les aimaient moins que nous… *L'Équipe*, *France Soir*, *Le Figaro*, *Libération*, *France Football*, *Onze Mondial* : on connaissait bien leurs envoyés spéciaux, et bien connaître crée des liens, une confiance. Il n'était pas rare que l'un d'entre eux prenne le café chez un joueur. On pouvait déjeuner au restaurant ensemble et goupiller une interview sans en avoir à référer à qui que ce soit. Papin, Waddle ou moi-même étions tout ce qu'il y a de plus accessibles. Enfin, je crois ! Certains entretiens ont eu lieu dans notre voiture, c'est dire ! C'est aussi l'époque où, en fin de match, les journalistes débarquaient dans les vestiaires et nous posaient des questions alors qu'encore à poil, on sortait de la douche. De la proximité ! On m'a quand même raconté – car je n'étais pas encore arrivé au club – que la regrettée Marianne Mako, pionnière du journalisme sportif féminin, était tombée nez à nez – si j'ose dire – avec l'intimité de JPP. Je ne sais pas si Papin l'avait fait exprès, mais je sais que notre gardien d'alors, mon ami Joseph-Antoine Bell, l'avait sommé de s'excuser. Mais nous n'avions grosso modo jamais de problème avec la presse. Si l'un d'entre nous acceptait mal un jugement, il en parlait à l'auteur et tout se réglait facilement. Je me souviens quand même que Franz Beckenbauer, qui trouvait notre relationnel trop amateur, comme nos infrastructures, avait demandé que les journalistes ne déboulent plus dans les vestiaires après les matches. Mais on continuait de les voir tous les jours sans aucun interdit ni compte à rendre. Par exemple, je me rappelle ne pas avoir demandé l'autorisation au club quand Jean-Marie est venu m'interroger quelques jours avant Furiani. On se connaissait bien ; il m'a appelé directement ; j'ai accepté tout en vérifiant mon emploi du temps, et voilà tout. Ça se passait comme ça et, du coup, on gardait des liens. Après la finale de la Coupe d'Europe à Munich, certains d'entre eux ont même pu faire la bringue en notre compagnie dans les sous-sols de l'hôtel, alors que nous-mêmes et nos dirigeants étions avec nos épouses et donc pas censés partager ces moments intimes quoique joyeux. J'ai même une photo où l'on me voit avec la Coupe aux grandes oreilles sur la tête en compagnie de l'ineffable Avi Assouly, de France Bleu Provence, qui savait s'incruster partout. Impensable aujourd'hui.

Les attachés de presse n'existaient pas ! Le joueur n'avait donc personne derrière qui se cacher. Il était donc libre ou non de faire la gueule, à qui il voulait. Sa non-titularisation était bien sûr le motif le plus fréquent de sa bouderie. Toujours aligné sur le terrain qu'il pleuve ou qu'il vente, je n'ai jamais connu cet état ! J'étais donc fort affable ! Je me souviens de l'inénarrable Canto, qui ne disait bonjour à personne quand Raymond Goethals ne lui faisait pas confiance et c'était (trop) souvent. Un journaliste l'approchait :

« Éric, tu as quelque chose à dire ?
– Rien ! », répondait-il, tout accent dehors…

C'était l'époque où, en lever de rideau d'un match important au Vélodrome, était parfois organisée une rencontre entre les journalistes et d'anciens pros marseillais. Qu'est-ce qu'on pouvait les chambrer ! On pouvait même parler de complicité avec la presse écrite et radio ; on vivait les uns à côté des autres, on partait en avion ensemble en déplacement ; untel s'y asseyait à côté de vous et on discutait boutique durant tout le voyage. Il est absolument sidérant de repenser à tout cela quand, aujourd'hui, le moindre joueur sans palmarès se planque derrière son attaché de presse pour ne pas s'exprimer. Sûr que les temps ont changé et que les médias d'aujourd'hui auraient tendance à se gausser de cette façon de faire en ces temps reculés quand leurs journalistes étaient amis avec les joueurs. Trop de proximité, pas assez d'indépendance de jugement, soi-disant. Mais nous, les joueurs, leur parlions et, sauf improbable trahison, ce qu'on leur révélait en « off » le restait. Aujourd'hui, la parole est muselée et les journalistes doivent faire avec des joueurs qu'ils ne voient pas et les communiqués officiels émanant des clubs. L'info se fait rare au moment même où elle est devenue reine au quotidien. Il faut donc meubler. Je n'envie vraiment pas cette époque. Les médias, qui se sont multipliés, ne sont intéressés que par la polémique. Un mot, pas même de travers, et vous êtes lynchés par les juges anonymes de Twitter. Dur. Je peux donc affirmer que, question relationnel, les années 1990, c'était le bon temps, pour eux comme pour nous.

Un bémol tout de même, et non des moindres. Si tout se passait au mieux avec les joueurs de l'OM, il va de soi qu'il n'en allait pas de même avec le Boss ! « Je déteste les journalistes, disait-il. Mais pas la profession, attention ! J'adore l'information, les médias… Autant, j'aime pas les journalistes, autant je respecte cette profession. »

Alors, malheur à qui entravait sa route ! Et il avait ses têtes. Dont Pascal Praud, de TF1, qu'il surnommait « p'tites lunettes », et à qui il cassera la gueule des années plus tard dans une boutique parisienne. Journaliste ou homme politique, il n'y allait pas par quatre chemins quand il s'agissait de lui donner la leçon, sa leçon. Son dada, c'était le rapport de force, inclus la menace, quand la séduction ne prenait pas.

Même le pauvre Avi a dû encourir ses foudres. Gag classique : l'envoyé spécial permanent fait son papier mais pas le titre, qui est décidé en haut lieu, au siège du journal. On le veut aguichant, polémique, et il arrive souvent qu'il n'épouse pas le contenu voulu par son géniteur. Faisant une pige pour le *Parisien* (aïe !) alors « libéré », Avi s'est donc retrouvé un jour interdit de Commanderie par le garde-chiourme habituel qui le connaissait pourtant depuis des lustres. Le syndicat des journalistes, l'UJSF, s'en est mêlé, a crié à l'entrave à la profession et Avi a pu rentrer la fois suivante, puis redevenir ami avec le Boss. Après une autre manifestation de la presse pour le même genre d'obstruction, Tapie a eu l'intelligence – la rouerie ? – de placer Jean-Louis Levreau, alors rédacteur en chef du *Provençal*, comme vice-président de l'OM, avec des prérogatives médias très étendues. Pas idiot d'avoir placé un journaliste à ce poste. Cela apportera du liant. Mais ça n'empêchera pas Tapie de balancer une caméra de FR3 Marseille par-dessus bord quand ses journalistes planqueront pour intercepter la venue de Jean-Pierre

Bernès sur le *Phocéa*, alors que, judiciairement, les deux hommes n'avaient pas le droit de se voir ; un des nombreux épisodes de l'affaire VA-OM. Le quotidien d'obédience résistante puis communiste, *La Marseillaise*, n'était pas toujours tendre avec le Boss, loin de là. Pourtant, a contrario, en plein désarroi judiciaire post-VA-OM, Tapie invitera deux de ses journalistes à parler avec lui, car ils faisaient partie des rares à ne pas lui être tombés dessus quand il était à terre.

La Marseillaise... C'est là que travaillait Pape, mon si cher Pape Diouf, avant que je ne fasse sa connaissance, du temps d'Auxerre et avant que je n'arrive à Marseille. Le Covid a eu sa peau... Mon cœur se serre en pensant à lui. Bien ancré à gauche, il avait déjà eu l'occasion d'exprimer par écrit sa défiance envers le tandem Hidalgo-Tapie, qu'il ne sentait pas. Avec son départ, j'ai perdu la bibliothèque de ma vie, car, pour ce qui était du football des années 1950 jusqu'à 2000, personne ne lui arrivait à la cheville, personne ne pouvait le coincer, car il connaissait tout sur tout. Je me souviens comme si c'était hier de nos discussions pour savoir quelle avait été la plus belle équipe du monde. Moi, je pensais au Brésil de 1970 ou à celui de 1982. Et lui ne me parlait que des amis de Puskas, dont la photo ornait son bureau, et de sa Hongrie de 1954. Il me disait qu'elle avait connu trente-et-une victoires d'affilée, qu'elle ne méritait pas d'avoir été battue par l'Allemagne en finale de la Coupe du monde, que c'était la plus grande des injustices pour la plus belle équipe du monde... Et moi, je ne le savais pas. Je me souviens aussi quand il a commencé à venir me voir à

Auxerre, en 1986-1987, avant Marseille. Il prenait le train, n'avait pas beaucoup de moyens et ne jurait que par trois joueurs : Salif Keïta, Rachid Mekloufi et... Abedi Pelé. On est restés très liés, puis je suis descendu à Marseille. Là, il était présent à tous mes entraînements ; à tous les avant- et après-matches, et il venait à la maison. Il a vécu mes fiançailles, mon mariage ; ma grande fille, Bérengère, est née devant lui... Il l'a prise dans ses bras... Encore un bel exemple de proximité, même s'il n'était plus journaliste... Il la prenait souvent dans ses bras... Après, on est devenus tellement liés avec Abedi, sa femme et leurs fils, Jordan et André, qu'on allait les dimanches chez lui ou chez moi. Il y avait là tous les enfants, les miens et ceux d'Abedi... C'était la fête au village, tous les dimanches. Il faut dire que la belle-sœur d'Abedi, Allah, cuisinait si bien... C'était si bon, ces années-là...

Une fois, on est allé au Sénégal, son pays ; il y organisait un match de gala pour le jubilé de Sarr Boubacar, qui avait été l'avant-centre de l'OM et du PSG. Dans l'avion, avec Joseph-Antoine Bell, on l'avait chopé en lui disant : « Ça suffit ! Tu connais trop bien le foot, tu dois devenir notre agent ! » Et de nous répondre : « OK, je vais vous prendre tous les deux, alors », et on lui avait dit oui. Il est donc devenu notre agent, puis mon ange-gardien durant toute ma carrière. Vous voyez comment un journaliste peut devenir votre ami, votre conseiller, et même président de l'OM de 2005 à 2009 ? Quand il était encore à *La Marseillaise*, avant de travailler pour *L'Hebdo*, puis *Le Sport*, il recevait chaque jour des joueurs africains comme s'il était leur grand frère. Il avait cette vocation-là. On s'est vaguement brouillé ensuite. Il n'était pas content que je sois devenu l'ambassadeur de l'OM, car il avait une dent contre le nouveau président d'alors, Vincent Labrune… Je lui répondais que j'avais le club dans le cœur. C'est toujours le cas et, dans ce TGV qui me ramène à Paris, l'émotion m'étreint décidément à plus d'un titre.

13

Paris, mon meilleur ennemi

Les journalistes avaient quand même de belles feuilles à écrire lorsque l'OM affrontait le PSG et vice-versa. Il faut quand même comprendre que, si la France ne s'est pas qualifiée pour la Coupe du monde 1994 quand certains mensuels de foot annonçaient déjà en titre « Amérique, nous voilà ! », c'est à cause de deux défaites consécutives et inattendues contre Israël puis la Bulgarie. Triste automne 1993. Un deuil national. Ça, c'est la cause mathématique. Il fallait prendre un point sur ces deux derniers matches et nous en fûmes incapables. Mais pour expliquer cette faillite – je n'en étais pas –, il faut bien reconnaître que l'ambiance en équipe de France n'était pas optimale, et ce depuis plusieurs saisons à cause de deux clans, celui des Parisiens et celui des Marseillais. En sélection, ça n'était pas le grand amour nécessaire à une collectivité, indispensable à sa réussite. Mon partenaire de l'équipe de France, le gardien de but parisien Bernard Lama, avait même balancé dans les médias – je ne sais plus si c'était juste avant un match – : « Les Marseillais sont des voyous et je suis bien placé pour le dire puisque j'en côtoie en équipe de France. C'est honteux ! Ils donnent l'image de ceux qui les dirigent. Je suis heureux de ne pas être Marseillais. » De toute façon, dès que l'on partait en province, on sentait bien que les gens préféraient l'OM au PSG. À Auxerre, c'était déjà le cas. Vieil antagonisme contre la capitale centralisatrice et, à Marseille, bon sang, que ce sentiment était exacerbé ! Il l'est toujours. Et comme nos deux clubs boxaient, c'est le cas de le dire, dans la même catégorie avec les mêmes objectifs de gloire, leurs affrontements en championnat ou en Coupe de France étaient toujours méchamment orageux, et quand je repense ou que je revois aujourd'hui certaines de nos confrontations de l'époque, j'ai honte. Ainsi, en ce 18 décembre 1992, les PSG-OM et inversement sont-ils déjà devenus des « classicos », appellation Canal+ contrôlée qui veut bien vendre ses affiches, tels des Real-Barça ou Inter-Milan AC et fait ses choux gras de cette rivalité. Tapie aime les antagonismes ; ils le font avancer, quoi qu'il en coûte. Nous aussi, les joueurs, évidemment. Mais là, je ne sais pas ce qui a pris à l'état-major parisien. Peut-être a-t-il voulu appuyer là où ça nous faisait mal puisqu'on venait de se faire éliminer de la Ligue des Champions par le Sparta Prague un mois auparavant ? Les Parisiens ont-ils voulu achever la bête blessée ? En tout cas, c'est leur entraîneur d'ordinaire plutôt placide, le Portugais Artur Jorge, qui a dégainé le premier avant la rencontre : « Le PSG sera à 200 %. Je ne sais pas comment l'OM va jouer, mais on va leur marcher dessus. » Inutile de dire que le Boss s'est empressé de photocopier en grand format l'article de presse et de le placarder dans notre vestiaire. On était quand même outillé en fortes têtes ne se laissant pas marcher sur les pieds. Surmotivés, on s'est dit avant de nous rendre au Parc des Princes : « On ne perd pas là-bas ! » Sûr qu'on avait l'état d'esprit ! Tapie a réussi à nous remettre une petite couche de sang supplémentaire. Quand on est arrivé sur la pelouse, les deux équipes s'en tenaient au classement. Un dessin de Chenez à la une de *L'Équipe* montrait une bombe allumée entre les jambes des deux capitaines qui se faisaient face. Le PSG était 3e avec 24 points ; nous, 5e avec 23 mais un match en moins. On s'est fait siffler, rien que de très normal ; j'étais en compagnie d'Abedi et de Marcel (Desailly), puis voilà David Ginola qui vient vers nous et se met face à moi :

« Basile, tu as un contrat sur moi !?
– Tu viens de le signer ! »

Je n'ai pas compris. Je ne voulais pas lui faire du mal ! C'était encore des trucs inventés par la presse. Mais à partir du moment où il m'a balancé ça, je me suis dit que je n'allais pas le louper. J'ai pris Joss Angloma à part pour lui expliquer comment marquer Ginola avant d'ajouter : « Sinon, tu me le laisses ! » À l'arrivée, j'ai failli casser la jambe de David durant le match, et j'ai honte de lui avoir fait ça ; j'aurais pu lui briser sa carrière, lui qui était mon coéquipier chez les Bleus…

Même en revoyant les images, on peut dire que ce sont les Parisiens qui ont commencé à vouloir « nous marcher dessus », comme ils l'avaient dit. Fournier s'est d'abord payé Di Meco ; il n'est pas tombé sur un ingrat ! Éric, roi du tacle par-derrière ! Puis Ricardo a cartonné Abedi qui, lui, ne répondait pas ; quelqu'un d'autre s'est donc payé Ricardo – moi, parfois – et ce prêté pour un rendu n'a jamais cessé de la partie. Dès qu'il y avait faute, on encadrait l'arbitre ! On a bien fait. On se disait qu'à ce jeu-là, on serait meilleurs que les Parisiens. Traduction chiffrée de cette violente boucherie à la pause : dix-neuf fautes « pour » l'OM dont cinq du seul Di Meco ; quatorze pour le PSG. Score final : cinquante-cinq fautes et surtout : victoire 1-0 de l'OM ; je suis à l'origine de ce but en détournant de la tête un centre que reprendra Boksic. Je crois que c'est l'arbitre de la rencontre, M. Girard, qui avouera plus tard : « Rien ne pouvait les calmer. Je voyais dans leur regard que ce n'était pas les mêmes joueurs que ceux que j'avais rencontrés et arbitrés si souvent. » Hé oui : Alain Roche et Éric Di Meco qui jouaient aux boules ensemble à Marseille, avant que je ne sois échangé avec le premier dans les conditions que l'on sait, étaient devenus enragés. Moi de même. Un pour tous, tous pour un, mais surtout tous contre les autres. Tout est parti en sucette jusqu'au bout et il est absolument invraisemblable que les deux équipes aient fini le match à onze ! Avec les règlements d'aujourd'hui et la VAR (assistance vidéo à l'arbitrage) si décriée, ce serait impossible. Heureusement, « *the times they are a-changing* », n'est-ce pas mon Chris adoré, toi qui aimais plus que moi Bob Dylan ? Canal+ était quand même très embêté par la tournure d'un événement qui ne plaidait pas par sa beauté mais sa laideur. Toutefois, la perspective d'une revanche avait de quoi appâter le téléspectateur de la chaîne cryptée qui aurait le plaisir de voir Pascal Olmeta commenter le match en compagnie de Charles Biétry, puisque Tapie ne comptait plus sur lui…

Et ce match retour est pour moi absolument inoubliable. Il a eu lieu 72 heures seulement après notre sacre européen à Munich. L'enjeu ? Un cinquième titre consécutif ! On ne s'était quasiment pas entraînés après avoir sérieusement arrosé notre si chère Coupe aux grandes oreilles. On avait fait la nouba, bu de la bière, beaucoup déconné… Il y avait de la revanche dans l'air bien sûr, d'autant qu'à deux journées de la fin, il nous suffisait d'un point pour être champions, alors que le PSG pouvait l'être encore en cas de victoire. Mais prudent, cette fois, car brûlé par son propre feu, Artur Jorge ne parla pas du titre que jouait pourtant bel et bien son équipe, mais d'un match pour l'honneur. Pas fou, Chenez avait dessiné dans *L'Équipe* un vestiaire avec des couteaux suspendus que découvrait une porte ouverte par un intendant s'écriant : « Bonne soirée ! » Et elle sera bonne, cette soirée, fabuleuse même, car je vais y inscrire le plus beau but de ma carrière ; certains disent même encore aujourd'hui que c'est un des plus beaux de toute l'histoire de la L1. Je me demande toujours où nous avons trouvé ces ressources pour sursoir à notre fatigue. Il faut dire que le public du stade, plus que jamais plein à ras bord et encore ivre de notre succès en finale de Coupe d'Europe deux jours plus tôt, nous fait une ovation fantastique à notre arrivée sur la pelouse ; ça vous réveillerait un mort. Pourtant, le PSG ouvre la marque. Franck Sauzée, dont c'est le dernier match à l'OM, nous gueule dessus : « Putain les gars ! » On égalise ; Ricardo me met un coup à la brésilienne, une pointe entre les reins. Je réplique par un coup de coude. Ça chauffe ! Lama et Roche m'insultent, mais tout ça me motive. J'ai vu et revu ce qui va suivre des centaines de fois. Je marche, on marche sur l'eau. De mon camp, je relance de la tête vers Abedi qui, de la poitrine, sert Durand. Lui aussi contrôle de la poitrine, jongle, le ballon ne touche pas terre, et il me sert d'une talonnade, car je suis là, j'ai poursuivi mon action. Je suis une locomotive lancée à toute vapeur. Rien ne peut m'arrêter. Je vois aussitôt mon cousin d'Afrique sur la gauche ; je la lui donne ; il centre en une seule touche. Je continue de courir encore et encore et, en bout de course, je me précipite de la tête, me détends de tout mon long à la réception de la balle, aux dix-huit mètres. Je n'ai jamais dû taper aussi fort un ballon de la tête qu'en cet instant. J'y ai mis toute ma joie d'être le héros de Munich, peut-être voulais-je également devenir celui du Vélodrome, ce stade qui me traitait encore de singe trois ans auparavant ? Je vais lui offrir le titre d'un coup de tronche en pleine lucarne, d'une tête plongeante que je n'oublierai jamais, fruit d'un extraordinaire mouvement collectif, c'est ça le plus beau ! Je n'en crois pas mes yeux. L'émotion est si intense, le but si beau que j'en pleure dans les bras d'Abedi. C'est beau, le foot. Oubliés, les coups de vice ; à la poubelle, les actes d'antijeu. Place à mon indicible bonheur, celui dont je rêvais jadis dans ma campagne auxerroise et qui me bouleverse comme jamais plus de trente ans plus tard, alors que le Boss n'est plus.

14

À jamais les premiers

« Mesdames, Messieurs, notre TGV est actuellement immobilisé en pleine voie. Nous vous demandons de ne pas chercher à ouvrir les portes ; nous vous tiendrons informés de la raison de cet arrêt. La SNCF vous prie de l'excuser pour ce désagrément. » Bien. C'est le moment pour moi, sans tanguer, d'aller au bar me chercher un sandwich, car je n'ai rien mangé depuis mon petit déjeuner à l'InterContinental. Je suis rouillé ; je me déplie difficilement, mes genoux grincent. Il y a du monde ; je fais la queue et ma popularité intacte me rattrape, malgré mes lunettes noires.

« Basile Boli ! Vous vous voulez bien faire un selfie avec moi ?
– C'est qui, papa ?

– Basile Boli ! Celui qui a marqué le but en finale de la Coupe d'Europe pour l'OM contre le Milan AC ! »

Je prends rapidement le gamin dans mes bras : « Oui, j'ai frappé dans le ballon avec ça ! » lui dis-je en montrant ma tête. En 1993, on signait des autographes. Trente ans plus tard, ce sont les selfies. Ça ne me gêne pas. J'en fais souvent dans la rue, même à Paris ! Mon sandwich – tout comme la ponctualité de la SNCF – est moins fameux que mon souvenir.

Nous avions commis des erreurs deux ans auparavant à Bari. Nous les joueurs, certes, en prenant peut-être l'Étoile rouge d'un peu trop haut, puisque nous étions les incontestables favoris de cette finale, mais nos dirigeants également. Ils nous avaient surprotégés, « bunkerisés », barricadés dans notre hôtel, annihilant de facto l'un des moteurs de « mon » OM, la bonne humeur collective. On s'y était ennuyé, on avait bien trop joué déjà le match dans nos têtes et, à l'arrivée, le vide, le néant, la déception avec un D majuscule et mes larmes de crocodile ayant perdu son marigot. Forte de cette expérience qui, on le sait, me fit tant pleurer, la préparation pour la finale munichoise fut la parfaite antithèse de notre expérience italienne. Comme souvent, voire toujours, Bernard Tapie avait su tirer les enseignements de cet échec.

Mais pour moi, le joueur peut-être le moins décontracté de la bande en vue de cette finale, cette dernière a déjà commencé contre Bruges, un mois auparavant. Il faut gagner là-bas pour terminer premiers de notre poule et ainsi rencontrer le grand Milan AC en finale. Je traîne un problème au genou qui, à mes yeux, ne fait pas de moi un titulaire. Pourtant, je joue. Sûrement sur ordre de Tapie, car celui-ci m'a pisté avant la rencontre jusqu'aux toilettes ! Grosse commission typique, chez moi, d'avant match devant le Boss qui, pas gêné le moins du monde, m'explique : « Ce match, il est à toi ! Si tu as envie et que tu es à cent pour cent, on se qualifie ! »

Cette « latrine-entrevue » ne me sortira pas de la tête et, dès lors, je taclerai comme un fou durant tout le match. À un moment donné, leur vedette, Amokachi, file vers le but alors qu'on mène. Je suis allé le rechercher en taclant correctement. Vraiment, Tapie aura toujours su par quel bout me prendre, comment me parler, que ce soit pour venir dans son club ou pour jouer quand mon corps le refuse. Ma finale s'est donc peut-être gagnée dans des chiottes belges, qui sait ? Mais quand je repense à elle – c'est tous les jours – me revient d'un bloc toute notre préparation et pas seulement mon but victorieux de la tête.

Les jours précédents que nous avons vécu ensemble ont été absolument merveilleux et, quand je songe à ce Marseille-Milan AC, il s'est passé tant de choses en un minimum de temps ! Exemple. Dix jours avant la finale, nous voilà tous sur le blanc *Phocéa* de Bernard Tapie, le plus grand yacht à quatre voiles du monde en son temps, construit pour le marin Alain Colas qui, on le sait, passa un jour par-dessus le bord de son *Manureva* – d'où la chanson d'Alain Chamfort. Le Boss aimait bien montrer sa puissance par médias interposés, qui ne se faisaient pas prier, ici *Téléfoot* en l'occurrence, représentée par son duo de choc, Thierry Roland et Jean-Michel Larqué. Personnellement, j'y avais déjà posé le pied, car Tapie avait déjà proposé aux joueurs sa visite après un entraînement. Le somptueux bateau mouillait devant les incroyables calanques marseillaises. Paysage paradisiaque que ces falaises de calcaire qui tombent dans une mer bleu marine. Surtout vu du pont d'un bateau…

Comme nous étions quand même en représentation tout près du Boss, nous avions été fort sages, disséminés par petits groupes ; ainsi, Jocelyn (Angloma) Marcel (Desailly) et moi… On se faisait mitrailler, peinards, par les photographes, pendant que Tapie, en tenue décontractée (sweatshirt à rayures bleues), racontait ses croisières passées sur son bel engin, comme l'aurait fait le capitaine Haddock, les « tonnerres de Brest » en moins, les « Ouais, mon bonhomme » en plus. J'en avais profité pour aller voir l'intendance, les cuisines. Je me souviens avoir dégusté de délicieux supions préparés par Gégé, notre cuisinier habituel, bref, une forme de *Dolce Vita*, filmée comme le désirait Tapie, quelque part réalisateur en chef. En avance sur son temps car ultra communiquant, il se servait habilement des médias – le célèbre tandem de TF1 y avait dormi la veille, dans des chambres aussi somptueuses que le pont du bateau –, mais gare à ceux qui n'étaient pas dans son camp ! Souvent dans l'affect et parfois sanguin, il pouvait se montrer menaçant avec ceux qui ne roulaient pas dans son sens… J'apprendrai plus tard qu'il s'était peut-être passé, sur ce *Phocéa*, des choses en rapport avec le match acheté VA-OM – que, blessé au genou, je ne jouerai pas. Il avait lieu quatre jours plus tard mais, pour l'heure, on se préparait innocemment – moi, en tout cas – dans une inédite décontraction.

Deux jours après notre victoire à Valenciennes, ce fut le départ pour Munich ! On a tous rendu visite dare-dare à la Bonne Mère – un rituel qui nous a mis en retard – avant de monter dans l'autocar direction Marignane. On y avait déposé nos bougies et nos souhaits, tous les mêmes ; cette mer rougeoyante de cierges allumés était très belle à contempler. Du coup, je ne sais pas si c'est ce qui, dans le bus, a motivé Di Meco, mais ce couillon-là n'a trouvé rien de mieux que de mettre le feu au journal que j'étais en train de lire, assis devant lui ! Une blague qu'il aimait faire, pas drôle du tout de mon point de vue. Si peu amusante que j'ai bien failli en venir aux mains avec Éric. Non ! Je crois même lui avoir filé un ou deux bourre-pifs ! Mais cela aurait été vraiment dommage d'entamer notre préparation dans une atmosphère brûlante et l'incendie, au sens propre comme au sens figuré, a vite été éteint. Éric est un bon mec, c'est notre ambianceur numéro un, le seul d'entre nous formé ici, à Marseille, et à qui le Boss a fait avaler quantité de couleuvres, ne le considérant pas comme les stars – dont moi ? – qu'il avait achetées. Heureusement pour lui qu'il était le petit préféré de Madame Tapie, lui, le seul à vouvoyer son mari !

À notre descente du bus, c'est le mistral qui soufflait un peu et je me suis toujours demandé si notre inénarrable entraîneur belge portait une perruque ou s'il se faisait teindre les cheveux, tellement ceux-ci gonflaient d'une drolatique façon sous le vent ou, en l'occurrence, sous le souffle des réacteurs allumés de notre Caravelle Air Provence. Quelques parties de belote plus tard, nous avons atterri à Munich, aéroport Franz-Josef-Strauss – rien à voir avec le valseur ! –, puis avons pris un bus pour Rottach-Egern, à soixante-dix bornes au sud, au bord d'un lac, en pleines Alpes bavaroises. Nous sommes enfin arrivés à minuit avec une faim de loup mais, le lendemain, quel enchantement ! L'hôtel Bachmair se présentait tel un grand chalet de bois tyrolien façon Sissi impératrice, niché au cœur de douces et vertes montagnes bien grasses. Là aussi, Tapie avait fait très fort question mauvaise foi. Comme d'habitude et comme à Bari, c'était notre superintendant, Louis Vassallucci, qui s'était occupé de nous dénicher le lieu idoine. Mais Tapie, superstitieux et échaudé par notre expérience « barisienne », ne voulait pas qu'il le trouve trop tôt. Seulement, à deux semaines de la finale et après avoir passé au peigne fin tous les environs de Munich avec Jean-Pierre Bernès, Louis n'avait rien trouvé et l'OM était toujours sans hôtel. Milan AC et son agence de voyages, rompus à cet exercice tellement le club italien collectionnait les succès européens, avaient booké tous les hébergements environnants. Vassallucci étendit donc ses recherches, dont le cercle s'agrandit démesurément, et c'est alors que notre Rudi Völler lui parla du lieu où sa sélection nationale, la Mannschaft, avait l'habitude de séjourner. Ça ne plaisait pas à Louis. Trop loin de Munich, puis, surtout, trop de magasins à l'intérieur de l'hôtel, des coursives, bref, une gare ! Il aurait fallu construire un mur devant l'ascenseur pour préserver les joueurs, et c'est même ce que le directeur de l'établissement avait proposé ! Mais au moment de partir, Louis a fait tomber par mégarde un prospectus du bar de l'hôtel. L'hôtel Bachmair possédait des dépendances à quelques centaines de mètres de là ; vingt-et-une chambres dans un grand chalet. Il en manquait une ; les propriétaires acceptèrent de laisser la leur. À son arrivée, Tapie dit à Vassallucci : « Tu es viré ! » Le temps que Waddle, qu'il avait amené avec lui, s'installe à son tour et le Boss avait changé d'avis, toute mauvaise foi dehors : « Putain, cet hôtel est magnifique ! »

Un panorama idyllique, des footings et du vélo dans la forêt autour du lac Tegern et… un invité de marque, donc : Chris Waddle, *from* Sheffield, son nouveau club. C'est le Boss qui lui avait demandé non seulement de venir, mais aussi de s'entraîner avec nous. Quand il a fait irruption, je me suis précipité sur mon copain, lui ai versé le contenu d'une bouteille d'eau sur la tête, sous les vivas de tous mes copains. Je ne m'y attendais pas ; on n'a pas idée du plaisir que ça me fit de retrouver cet ami à qui j'avais en vain essayé d'apprendre le tube de Regg'Lyss, *Mets de l'huile.*

« Tu n'es pas rastafarien, tu chantes le reggae
Ta chanson, on comprend rien, et con, tu la chantes en anglais. »

Quelle rigolade et quel bonheur !

Nous avons vraiment coulé des jours heureux dans notre retraite dorée ouverte aux quatre vents. Les quelques journalistes de l'époque pouvaient s'y balader en toute quiétude, parier jusqu'à leur montre si l'OM tapait le Milan AC, y recevoir des ovnis sur la tête le matin même du match. C'est ainsi que Roger Zabel, très digne, s'apprêtait à prendre l'antenne pour le journal de 13 heures ; il était en duplex permanent avec nous. Casoni devait répondre à ses questions en direct. Avec Caso, on s'est débrouillé dare-dare pour poser un seau d'eau en équilibre sur une porte et – plaf ! – Zabel a tout pris. Il était trempé ! Mais avec un sang-froid imperturbable et beaucoup d'autodérision, il s'est essuyé et a pris l'antenne encore ruisselant. Avec Roger, j'ai aussi parié sa montre qu'on battrait le Milan AC. Je n'ai pas manqué d'aller la lui réclamer après la victoire !

Telle était notre insouciance. J'y ai même prouvé mes talents de majorette en chef avec démonstration de *twirling* bâton sur la grande terrasse, c'est dire ! Au lieu de nous surmotiver comme il le faisait souvent, Tapie avait décidé d'être l'un des nôtres, s'entraînant avec nous – il était nettement moins bon balle au pied que verbe en bouche –, trempant son croissant dans nos tasses de café ou de chocolat sous les regards non inquisiteurs des caméras. Dehors, il faisait beau. On se serait cru pour un peu au Club Med. Nous étions en fait dans la situation inverse de celle de Bari deux ans auparavant. Le Milan des formidables Néerlandais van Basten, Gullit et Rijkaard – respectivement « Baazen », « Rrroulit » et « Ricaard » dans le belge langage Goethals qui estropiait tous les noms pour notre plus grande joie – était, sur le papier, plus fort que nous. Nous n'avions donc rien à perdre, puisqu'une défaite aurait été comprise de tous.

Goethals avait beau avoir soixante-dix ans, il jouait toujours les papas poules avec son fantastique sens de la communication. Pas la même que celle du Boss, évidemment. Mais complémentaire, en fin de compte. Car il défaisait dans le dos de Tapie tout ce que ce dernier élaborait devant nous. À se demander parfois s'ils n'avaient pas mis au point ce numéro de duettistes. Papa Belga laissait les séances physiques à son adjoint Roger Propos et à Henri Stambouli, arrivé au mois de novembre précédent quand Goethals avait une fois de plus rempilé, cette fois à la place de Jean Fernandez, licencié. Mais le jeune trentenaire s'était déjà occupé de la réserve marseillaise et le vieux l'avait bien repéré… Le courant passait donc bien entre eux.

Pourtant, une vague aurait pu emporter notre bel enthousiasme. Notre jeune gardien Fabien Barthez avait supplanté Pascal Olmeta, titulaire depuis 1990, au mois d'octobre précédent et avait gardé notre cage depuis. Le bouillant corse, devenu remplaçant – mais heureusement resté pote avec Fabien –, ne se démontait jamais face à Tapie et ça avait chauffé plus d'une fois entre les deux matamores. Pour je ne sais quelle raison, les deux s'étaient une fois de plus violemment pris le bec au stade Vélodrome, avant que l'on parte à Munich. La sanction patronale ? Pascal ne ferait pas le voyage avec nous, ne s'entraînerait même pas, bref, ne vivrait pas avec nous. Un vrai risque doublé d'une humiliation en bonne et due forme ! Et si Barthez, lors de la finale, se blessait ? Olmeta n'aurait ni les bras ni les jambes… À l'arrivée, Pascal était bien là le jour J, mais avait donc fait le voyage la veille dans l'avion des supporters qui ne dormaient bien sûr pas dans le même hôtel que nous. Un taxi l'avait ramené au nôtre et, l'après-midi, veille du match, il s'est quand même entraîné avec Fabien. Mais quand Tapie est venu lui dire bonjour, notre Corse lui a répondu : « Casse-toi ! » Maintenant que j'y pense, ils étaient peu, dans l'équipe, à tenir tête au Boss et, en fin de compte, au moment de Munich, à part Pascal, plus une tête ne dépassait. Disparus, vendus, partis, les Mozer, Pardo, Cantona et même notre JPP national. Ne restait plus qu'Olmeta à pouvoir ne pas se laisser faire. Leur différend avait éclaté avant un match à Nantes, lors de la saison précédente. Une sombre histoire de partie de pêche avec Waddle (!) non programmée deux jours avant. Le Boss, une fois de plus, s'était pris pour l'entraîneur, mais avait eu des mots très, très durs à notre endroit. Ulcéré, Pascal s'était alors levé et lui avait balancé : « Un seul homme peut me parler comme ça, c'est mon père ! » Et après avoir failli en venir aux mains, Pascal avait quitté le vestiaire. Et l'heure de Barthez n'avait pas tardé du coup à sonner.

Sa gouaille permanente nous aura tout de même un peu manqué. Il faisait partie des meubles et, lorsque l'un d'eux vient à manquer, ça laisse un vide. Mais le connaissant, j'étais sûr qu'il prendrait sa revanche d'une façon ou d'une autre…

Fabien Barthez, lui, était moins vindicatif que le Corse, mais plus distrait… Il avait regardé la TV la veille jusqu'à

5 heures du matin, bien que le bras droit de Tapie, Jean-Pierre Bernès, l'ait surpris, puis engueulé à trois reprises. Du coup, quelques heures plus tard, au moment de partir, il avait oublié ses gants et, dans le car qui nous emmenait à Munich, il fit la sieste une heure et demie durant sans voir que le Boss s'était assis à côté de lui en maugréant : « Le mec doit jouer une finale de Coupe d'Europe et il est en train de dormir, ça n'est pas possible ! »

C'est sur les accents de *Volare* que nous avons gagné la pelouse du stade olympique : « Volare, oh-oh, Cantare, oh-oh-oh-oh ! » Ça nous changeait de *Jump*… Cinq trains spéciaux avaient été affrétés de Marseille et l'on sentait bien leur contenu derrière nous dans les tribunes ! Quels supporters ! Quelle éternelle ferveur ! L'OM rassemble décidément tous les mondes de la ville. Récidiviste, notre planant Fabien oubliera encore ses gants dans le rond central, cette fois juste avant le coup d'envoi…

Et en ce 26 mai 1993, le grand match a donc commencé. On souffrait. Immédiatement. Milan nous pressa sur nos buts ; malgré quelques contres, on ne vit pas trop le jour. Heureusement que Fabien Barthez, qu'on croyait toujours dans les vapes hors d'un terrain, sortit le grand jeu et nous permit de surnager. Solidaires, comme toujours, nous faisions front, mais mon genou me faisait souffrir. De plus en plus. Des semaines qu'il me taraudait ! Van Basten, qui avait pris un coup, était à terre. Arrêt de jeu pour le soigner. Alors, j'en profitai pour demander à Jacques Bailly, notre deuxième kiné, à sortir et lui me répondit : « Non, le président ne veut pas ! » Raymond commençait pourtant à plancher sur mon remplacement, à prendre des dispositions en moulinant des bras mais, du haut de la tribune des VIP, le Boss qui faisait la tronche lui a, via Bernès au talkie-walkie, intimé l'ordre de ne pas me sortir, contrairement à ce que je demandais. « Je te l'interdis », lui a-t-il hurlé. Un de mes coéquipiers a demandé alors des explications au banc de touche, ne comprenant pas toutes ces hésitations, et Raymond lui a alors répondu : « C'est l'autre con, là-haut, qui ne veut pas ! » Mais le talkie-walkie du Boss était resté ouvert et il a tout entendu… Je me souviens quand même m'être dit que le Boss voulait vraiment ma mort. Puis, voilà mon coéquipier allemand Rudi Völler qui vint vers moi pour me dire : *« You stay* ! » Il restait vingt minutes à jouer jusqu'à la mi-temps, OK. On reverrait cela à la pause. Je serrais les dents. Corner pour nous. Encore quelques secondes à tenir avant la pause. Abedi Pelé, qui jouait à droite – une idée du Boss, selon lui – a débordé l'illustre Paolo Maldini, l'Alain Delon du foot. Corner. À tort, d'ailleurs, mais corner quand même. Je n'avais pas envie de monter, encore tout à ma douleur, mais le coach nous encourageait de la main à le faire. Mon ami africain m'avait dit avant la rencontre : « Sur les corners, ne va pas au deuxième poteau, ils sont trop grands. Tu fais semblant d'y aller, mais tu vas au premier ! » C'est ce que je fis. J'esquissais un geste de déplacement, mais je revins en arrière, juste de quoi pouvoir frapper la balle de la tête malgré Rijkaard qui me tenait le maillot. Ce qui se passa dans la mienne fut alors indescriptible. Je me précipitais vers Abedi et tout le monde avec lui dans une joie indicible. J'ai revu plus tard un court métrage d'un spectateur marseillais présent au stade olympique qui a filmé mon but, puis surtout le délire de sa propre tribune. Les gens rient, pleurent, montent les uns sur les autres dans une folie sans nul autre pareil. Pour nombre d'entre eux, c'est le plus beau jour de leur vie. Nous, on sait depuis longtemps tout ce qu'on représente aux yeux des Marseillais. C'est une pression de fou à chaque match. Et un stimulant. Mais nous n'avons pas le don d'ubiquité…

Chaque fan de l'OM porte une part de folie en lui, j'en suis sûr ! J'ai fait, il n'y a pas si longtemps que cela, une émission avec les musiciens d'IAM que je venais voir sur scène à leurs débuts après que je suis arrivé à l'OM. Au moment de Munich, ils étaient enfermés dans leur studio d'enregistrement – La Blaque, près d'Aix-en-Provence –, mettant la dernière main à la pâte de leur fameux album *Ombre est Lumière*. Ils ont regardé le match à la télé et regretté amèrement de ne pas avoir pu partager la folie d'une ville, une fois le verdict de la finale rendu. Après mon but, ils ont pleuré de joie, mais m'ont avoué aussi avoir eu tellement peur après qu'ils trouvaient tous les bons prétextes pour ne plus regarder leur TV ! Ils changeaient même de chaîne sur les coups francs et les corners contre l'OM ! Comme des mômes apeurés ! Il faut dire que, comme tant d'autres, ils avaient été échaudés par les échecs contre Benfica et à Bari…

On a marqué juste avant la pause, le moment rêvé pour anéantir psychologiquement l'adversaire. Dans les vestiaires à la mi-temps, Tapie m'a regardé, goguenard, droit dans les yeux : « Alors, tu sors ? » Quel phénomène ! Quel remonteur de pendule ! La mienne en premier chef… On a tous senti que plus rien ne pourrait nous arriver tellement nous faisions face, solidaires, malgré la fracture du tibia du pauvre Jocelyn Angloma – encore un super pote – à l'heure de jeu. À l'hôtel, Chris avait averti Tapie : « Milan n'aime pas Marseille, cultive une sorte de complexe face à nous depuis la demi-finale de 1991. » Il avait raison. Et la rentrée tardive de JPP devenu joueur du Milan AC (qui avait changé de numéro de téléphone avant la finale, tiens, tiens…) n'y changera rien. Son pied trop haut sous le nez de Barthez provoquera même un début de baston ; dans ces moments-là, l'amitié est noyée sous le désir du résultat. Je sépare quelques-uns de mes coéquipiers, à commencer par Eydelie, puis le fougueux Di Meco… Il n'y a plus de vieux pote. Quand M. Röthlisberger a sifflé la fin du match, ce fut une délivrance insensée pour tous. On courait de partout, Raymond Goethals cherchait des bras qu'il ne trouva pas ; on se congratulait comme, j'imagine, la ville de Marseille à la Libération. Nous venions d'écrire l'histoire avec un grand H, vu de la Cannebière. Je me suis tourné vers nos supporters en montrant mes yeux, hurlant : « Non ! non ! » Plus de larmes façon Bari. Tapie – qui a pleuré dans les bras de Papin –, bon psy, avait su bien lire mon mental – « c'était toi le plus malheureux à Bari » – en m'adjurant de rester sur le terrain. En revanche, on est moins forcé de le croire quand il affirmait que c'était lui qui avait eu l'idée de placer Abedi Pelé sur la trajectoire de Maldini et qui avait demandé à Boksic et Völler, devant, de fatiguer Baresi par leurs courses incessantes et leurs appels de balle en profondeur. Entraîneur en chef, le Boss, à l'en croire. En fait, je crois qu'il avait bien été briffé par Tomislav Ivic qui, s'il avait été officiellement viré de l'OM en 1991 après l'élimination contre le Sparta Prague, avait, deux ans plus tard, observé le jeu milanais pour le compte de son ancien Boss. Contre l'avis de Goethals dont l'une des grandes réussites psychologiques aura été de faire croire à Tapie que c'est ce dernier qui faisait l'équipe.

Notre capitaine Didier Deschamps a alors – moment tant attendu, tant espéré, tant rêvé – levé la coupe vers le ciel munichois, puis nous l'avons tous fait à notre tour. Quelques minutes plus tard, notre ostéopathe Jacques Bailly s'est retrouvé nez à nez avec la Coupe aux grandes oreilles sur sa table de massage. Ne jamais oublier de remercier jusqu'à plus soif tous ceux qui font de nous des bêtes à concours, des intendants aux docs en passant par les kinés. Filmé par la télévision, il s'est lancé dans une excellente imitation de Raimu dans *La Femme du boulanger* de Pagnol : la célébrissime et revisitée scène de la chatte qui revient : « Garce, salope, ordure, c'est maintenant que tu reviens ? Alors Pomponette, on est revenu boire le lait du pauvre Pompom qui se faisait un sang d'encre ? Allez, bois son lait, tu verras, tu seras bien, tu n'auras plus envie de partir. »

J'aime autant vous dire que l'after a été à la hauteur de la folie qui s'était emparée de nous ! Les after. Tapie était inquiet, car nous jouions trois jours plus tard contre le PSG, adversaire honni, avec comme enjeu, rien moins que le titre de champion que nous n'avions pas encore en poche !

La pression était donc désormais sur les épaules de Jean-Pierre Bernès, qui devait nous surveiller afin que nous ne partions pas en vadrouille. Nous sommes donc descendus dans la boîte de l'hôtel au sous-sol où, devant nos femmes et quelques caméras, nous avons chanté, dansé, beuglé, fumé, moi le premier, reprenant mon fameux numéro de majorette. Enfant, je regardais, fasciné, en Côte d'Ivoire, un ami militaire de mon père régler ce type de spectacle ; je n'ai jamais oublié !

Didier Deschamps a même poussé la chansonnette – entre autres, « *We Are The Champions* » de Queen – avant que nous allions nous coucher, harassés mais heureux comme des nouveau-nés, à 4 heures du matin. Soucieux de ne pas perdre la Coupe en chemin, Tapie l'avait confiée à Louis Vassallucci, qui ne savait plus où donner de la tête et du regard : sur son épouse couchée à côté de lui ou sur la Coupe et ses rubans bleus qui reposait à ses pieds ? Quand nous avons quitté l'hôtel vers midi, des valises… sous les yeux, le personnel allemand pleurait ! Nous lui avons laissé un bon souvenir. Dans l'avion, la femme d'un de mes coéquipiers, Jean-Christophe Thomas, m'a rasé l'arrière de la tête pour y peindre une petite Coupe d'Europe ; chacun d'entre nous a eu sa petite intervention chirurgico-amicale, le pauvre Jocelyn Angloma inclus, qui n'avait pas voulu aller à l'hôpital, préférant rester avec nous jusqu'au bout avec une attelle improvisée par le staff médical. Nous avons atterri à Marignane dans l'après-midi, où un bus nous attendait sur le tarmac et, quand on a pris l'autoroute, stupeur ! Une haie d'honneur de trente kilomètres ! Trente. Je ne suis même pas certain que les Bleus de 1998 aient connu cela. Des gens, des motos qui faisaient des roues arrière, partout sur les côtés ! Et cela jusqu'au Vélodrome où nous devions présenter la Coupe au public. Quand on y est arrivé, nous nous sommes tous étonnés. On n'entendait rien, notre capitaine Didier s'en est inquiété auprès de Tapie qui lui a répondu : « Ils sont tous à l'intérieur ! » De fait, soixante mille personnes nous attendaient sur la pelouse et dans les tribunes ! Chacun y est allé de son discours, j'ai fait chanter la foule – « Nous sommes les Marseillais ! Et nous avons gagné ! » –, ces incroyables et increvables supporters. Jamais je n'aurais pu imaginer en venant à l'OM, même dans mes rêves les plus fous, que c'est moi qui mettrais l'unique but vainqueur au fond des filets et, surtout, au fond de l'histoire ! Tous les jours, je repense à cette finale qui embellira ma vie jusqu'à ma mort et, si je ne le fais pas, il y aura toujours quelqu'un pour me la rappeler, ici le bar du TGV !

Il était 20 h 30, nous avions entraînement le lendemain matin et un match d'une extrême importance le surlendemain, mais ne voulions décidément pas nous quitter, voulant prolonger ce DMBC – Doux Moment de Bonheur Collectif. Alors, nous nous sommes fait livrer des pizzas dans les loges du stade et nous avons refait le monde de la finale jusqu'à une heure du matin. À nos côtés, Tapie était accessible comme jamais ; il était comme un enfant. Après avoir pleuré sur le terrain, enlaçant tout le monde JPP inclus, il avait appelé au téléphone le président Mitterrand devant nous. Un môme. Fier. Comme un enfant de CM2 qui termine premier de sa classe au troisième trimestre. « Prix d'honneur : Bernard Tapie ! » Fier de nous, aussi, et qui le montrait, enfin. « J'ai lu, dira-t-il, qu'on était un orchestre de bal musette, et qu'on allait rencontrer un orchestre symphonique de la Scala de Milan. Ben finalement, à l'accordéon, on se démerde pas mal. » Sacré Boss !

Quelques petites heures plus tard, nous étions incapables de nous préparer correctement ou même de faire une mise en place pour le match contre le PSG. Nos cerveaux et nos jambes nous l'interdisaient ! Nous nous sommes donc contentés d'un footing autour du terrain et de quelques étirements. Quoi qu'il arrive le lendemain, rien ni personne ne nous enlèverait cette merveilleuse certitude : « À jamais les premiers ! »

Une phrase que purent reprendre aussi les handballeurs d'OM-Vitrolles, club présidé par le frère cadet du Boss, Jean-Claude Tapie. Au lendemain de notre match d'exception face au PSG, nous nous sommes tous rendus au Palais des Sports qui jouxte le Vélodrome. Et là, devant nos yeux encore embués des joies à répétition des jours derniers, cet autre OM a battu les Hongrois du Fotex Veszprém en finale de la Coupe des Coupes dans une ambiance de folie ; le premier trophée d'un club de handball français ! À moitié à poil et mes fringues maculées de champagne, j'ai fait le tour d'honneur aux côtés de Jackson Richardson et de ses coéquipiers, dont certains faisaient déjà partie des barjos[7] de l'équipe de France. Nous nous sommes tous rendus ensuite à Aix-en-Provence pour faire la fête, mais j'aime autant vous dire que, taillés comme ils le sont, les handballeurs tenaient bien mieux la route alcoolisée que nous autres footeux !

Par ailleurs, Éric Di Meco, le régional de l'étape, connaissait tous les estaminets marseillais. Quelques jours après ces premières festivités et ces deux retentissants succès, il avait – une fois de plus – organisé une soirée, cette fois au King, tout près du cours Julien, dans une des toutes petites rues qui donnent dessus. Il y connaissait le patron qui chantait volontiers, se faisant accompagner par un cuistot-guitariste nommé Elvis, car portant, comme lui, une belle banane gominée. Il leur avait promis de leur apporter la Coupe aux grandes oreilles si on l'emportait. On y a dîné. Et je n'ai pas pu m'empêcher de pousser la chansonnette…

Mais au fait, qu'était donc devenue la Coupe après toutes ces festivités ? Elle avait été certes surveillée de près en Allemagne, puis au Vélodrome, mais quelques jours plus tard, elle avait disparu… En fait, chaque joueur avait le droit de la garder trois jours pour lui et sa famille, chez lui. Olmeta s'était débrouillé pour passer en premier, la montrer à ses potes camarguais, puis filer avec elle en Corse et la présenter là-bas à tous ses amis, qui sont nombreux ! Et il ne la rendrait que

---

7. L'équipe de France de handball s'était donné ce surnom pour sa capacité à faire la fête tout en obtenant des résultats exceptionnels contre les meilleurs. (Vice-championne du monde 1993. Championne du monde 1995. Un peu comme nous, quoi…)

s'il touchait, comme nous autres, sa prime de match ! Un chantage bien dans son style en une savoureuse revanche contre le Boss qui l'avait snobé et qui trouvera donc une heureuse conclusion. « À jamais les premiers ! » En Corse aussi !

15

Trois styles de Tapie

Et ce TGV qui n'en finit pas de ne pas rouler ! Le soir tombe ; je n'ai pas prévu de rentrer si tard, même si ma voiture m'attend au parking. La Ligue des Champions n'est certes pas pour la SNCF. Un Tapie, avec ses méthodes, lui aurait peut-être apporté un peu de ponctualité ? Je n'ai jamais connu quelqu'un ayant une telle vision, une telle réactivité. Sa stature du ministre de la Ville qu'il allait devenir en avril 1992 lui avait apporté un surcroît d'envergure, des fois qu'il en eût manqué… Mais même en mission politique, son OM n'était jamais bien loin et, s'il pouvait mélanger les deux, c'était encore mieux. D'ailleurs, ne serait-il pas devenu maire de Marseille s'il n'y avait eu l'affaire VA-OM ? Je me suis souvent demandé jusqu'à quel point il se servait du tremplin OM pour assouvir ses ambitions politiques. Mais on ne peut lui enlever sa connaissance du foot et de son milieu, qui le rendaient plus entraîneur que tous ceux dont c'était le métier ! Ce que les supporters avaient bien compris. J'en veux pour preuve un match amical que nous avons disputé en Israël lors de la trêve hivernale 1991-1992 et qui m'a laissé un souvenir ému à plus d'un titre.

Jérusalem venait de s'offrir un nouveau stade et se cherchait un adversaire de prestige pour l'inaugurer ; Milan AC et Tottenham avaient décliné l'invitation. Or, le Boss se présentait à ce moment-là aux régionales de Provence-Alpes-Côte d'Azur dans le but de s'opposer à la montée de l'extrême droite, ce qu'il avait déjà fait en 1989 lors des législatives et qui me plaisait bien. C'est à l'occasion des régionales qu'il balancera en meeting, et c'est resté célèbre : « Si Le Pen est un salaud, alors ceux qui votent pour lui sont des salauds. » L'invitation tombait donc on ne peut mieux, même si on ne peut pas enlever au Boss son réel dégoût de l'extrême droite – lequel Boss put s'appuyer sur Avi Assouly qui lui arrangea les bidons. Avi était le journaliste le plus emblématique à s'occuper de l'OM ; on adorait le retrouver, incontournable, dans les vestiaires en fin de match ou écouter sa voix inimitable via ses commentaires sur France Bleu Provence, pas toujours objectifs tant son cœur battait pour le club dont il était devenu une sorte de mascotte. Tapie savait bien que le journaliste avait été gardien de kibboutz en 1973, avant de servir dans l'armée israélienne pendant la guerre du Kippour, puis de travailler pour la compagnie aérienne israélienne

El Al à Marseille et ailleurs. Et grâce à l'entregent « assoulyen », la mairie de Jérusalem offrit le voyage à quarante personnes, organisa la visite des lieux saints avec sécurité maximale sur les trois jours de présence. Sans oublier un match contre une sélection des meilleurs joueurs israéliens.

Nous fûmes accueillis en grande pompe et Tapie comme un véritable chef d'État sur tapis rouge ! Et ce coquin de Boss, fort de son actionnariat chez Bouygues, patron de TF1, n'avait eu qu'à claquer des doigts pour faire venir Thierry Rolland et Jean-Michel Larqué et contribuer à ce que notre rencontre soit commentée en direct sur la reine des chaînes par son duo vedette… Il donna le coup d'envoi aux côtés du maire de Jérusalem, Teddy Kollek, dont le nom avait été donné au stade, dit bonjour – *shalom* en hébreu –, déclara qu'il avait failli recruter il y a peu le capitaine de la sélection israélienne, aujourd'hui président du Beitar Jérusalem, Elie Ohana, et soigna donc bien sa popularité là-bas et, par contrecoup, dans l'Hexagone via le foot, en faisant une sorte de campagne préélectorale en Terre sainte.

Mais n'allez donc pas croire que seule la petite importance politicienne de ce déplacement dans ce qui est un pays affilié à l'UEFA, bien que non européen, intéressait le patron de l'OM qui gardait un œil (et le bon ?) sur son équipe. Mon ami Éric Di Meco, qui relevait d'une très longue blessure, avait été aligné par Raymond Goethals, qui voulait le relancer progressivement. Tapie ne voulait pas en entendre parler ; il était furax et avait hurlé, supportant mal que le rusé belge ne tienne pas compte de son avis, qui était en l'occurrence le suivant : « Ton Di Meco, il est mort, fini pour le football ; tu me fais rentrer le jeune Marquet. » Notez-le « ton Di Meco » qui en disait long, tout comme le « tu me fais rentrer ». C'est ainsi que fonctionnait le Boss, à la fois juge et partie, entraîneur au-dessus du sien. Durant tous ses mandats, l'homme à la Belga s'arrangera subtilement pour lui faire croire qu'il – Tapie – était bel et bien le coach, mais saura s'arc-bouter sur ses propres choix, à vrai dire toujours les mêmes. Du coup, mieux valait faire partie de son équipe type, sinon le laissé-pour-compte cirait le banc toute la saison ! Éric disputa donc tout le match contre la sélection israélienne au grand dam de son Boss. Quelques jours plus tard, on joua contre Auxerre en championnat et une hécatombe de blessures justifia plus que jamais le choix de Di Meco, face à mon ancien coéquipier, Christophe Cocard, international et redoutable dribbleur. On gagna 2-0 et Éric fit un super match, mettant « Coc » dans sa poche. Tapie vint le voir sur sa table de massage après la rencontre pour le féliciter et lui dire haut et fort : « Ah, Di Mec' ! Je savais bien que t'allais revenir ! » Quel aplomb ! Il paraît que tout le monde rigolait sous cape autour de lui.

Mais si je garde aussi en moi ce pèlerinage au point qu'il me revienne maintenant, aussi prégnant que bien d'autres histoires marseillaises, c'est qu'après avoir visité une usine de diamants, nous nous sommes rendus à l'église du Saint-Sépulcre où, à la sortie, le rabbin m'a donné une croix, rien qu'à moi, devant mes partenaires médusés ! J'étais fou de joie ! On était tous alignés en rang d'oignon, je crois qu'il nous racontait l'histoire tumultueuse et compliquée de Jérusalem ; il m'a désigné et m'a dit « vous êtes béni ! », en me donnant cette croix que j'ai hélas perdue depuis. Tapie en était bouche bée et m'a soufflé : « Tu as beaucoup de chance ! » Du coup, j'ai marqué deux buts de la tête, un au premier poteau, l'autre au second. Et j'ai bien failli en planter un troisième ! Ma motivation a des origines parfois mystérieuses...

On a enchaîné ensuite avec le mur des Lamentations habillés de... gilets pare-balles, au pied duquel Jean-Pierre Papin, comme nous tous, a glissé son petit billet dans une de ses fissures. Je pense qu'il avait dû écrire dessus : « je voudrais aller au Milan AC », car, le soir même, un coup de fil de là-bas était réceptionné par notre ostéopathe Jacques Bailly qui, seul, parlait bien italien... En fin de saison, à l'occasion du dernier match de championnat au Vélodrome, JPP annoncera qu'il signe bel et bien chez les Rossoneri. Je suis sûr que le Boss avait déjà négocié son départ avec tous les intéressés. Son sens de l'anticipation m'a toujours sidéré. Mais sa réactivité pouvait aussi être fulgurante. Comme si, en un clin d'œil, il voyait ce qui pouvait être bon pour le club, tel un numéro 10 qui voit le jeu avant les autres. J'ai compris ça par exemple lors de « l'affaire de la canette ».

Saint-Étienne-Marseille, le samedi 19 octobre 1991 à Geoffroy-Guichard, plus de 43 000 spectateurs. Le match promet d'être chaud. Tout le monde veut se farcir mon équipe, à commencer par les Verts, nostalgiques de leur grande époque et de leur fantastique épopée en 1976, premier grand exploit européen télévisé d'une équipe de foot, d'où son inoubliable retentissement. Sous les traditionnels quolibets, un peu avant 19 heures, on descend du bus. Je suis dans le peloton de tête de notre cortège. Soudain, derrière moi, je sens que ça s'agite et qu'il se passe quelque chose. JPP se tient la tête ; il a reçu une cannette. Un peu plus loin, une fois que l'on est entré dans le stade, il gît sur le sol carrelé, inanimé. Ulcéré, Tapie s'écrie : « Vous allez chercher tout le monde, on repart ! » Retour donc à la case départ, c'est-à-dire le bus, au milieu d'une foule hostile. À l'intérieur du stade, on a placé JPP sur une civière. Il est livide, on l'emmène en ambulance à Saint-Étienne. Tapie nous a réuni, on est retourné voir le terrain qui était super gelé dans une atmosphère de folie. Le Boss nous dit : « Je sais, vous n'avez pas envie de jouer. » Mais finalement, après qu'il a déposé des réserves, on jouera, non sans que le gardien stéphanois, mon ami le Camerounais et ancien Marseillais Joseph-Antoine Bell, se soit pris un caillou sur la tête et que l'arbitre M. Delmer ait interrompu la rencontre à plusieurs reprises à cause des fumigènes qui nous asphyxiaient quelque peu, nous piquaient les yeux et nous empêchaient d'y voir clair. Pendant ce temps, diagnostic à l'hôpital pour JPP : « léger traumatisme crânien ». Jean-Pierre nous rejoindra même en début de match, sans jouer, bien sûr. Mais du côté des Verts, vainqueurs 1-0, on hurlera à la simulation toute la semaine avant que la FFF donne sa décision le samedi suivant, puisque des réserves avaient été déposées. Personnellement donc, je n'avais rien vu. Mais mon ami, le journaliste de *L'Équipe*, Jean-Marie Lanoë, que je connaissais bien et qui ne cherchait pas les embrouilles, m'a raconté plusieurs fois par la suite combien cette histoire l'avait intrigué à tel point que je me suis procuré son article. Comme il était allé visionner à TF1 quelques jours plus tard les images mises à disposition par le journaliste de *Téléfoot*, Pascal Praud, et en avait pu regarder l'intégralité, il avait écrit ceci : « On voit tout d'abord passer Bernard Tapie, souriant. Puis voici Jean-Pierre Papin, tranquille, qui porte un anorak bleu. Image par image, pas de doute, une boîte de bière cerclée de rouge – et non une canette – lui tombe dessus, par-derrière. Vide ou pleine, on ne peut pas le savoir. Celle-ci heurte le haut de son dos. Papin, qui porte un sac sur le dos, sent l'impact, qu'on lui a lancé quelque chose. Il se retourne et découvre ce que c'est. Il voit la boîte par terre, et c'est à ce moment-là seulement qu'il porte la main gauche derrière sa tête, tout près de son oreille gauche. Trois secondes plus tard, JPP porte sa deuxième main au sommet de son crâne et se prend la tête. Ce qui frappe, c'est le temps qui s'écoule entre l'impact de la boîte sur le dos de JPP et sa première réaction – tardive – qui est de se porter la main à l'oreille, pas vraiment à l'endroit du choc. Ensuite, Papin se tient la tête à deux mains avant de s'évanouir. » Tout ça semblait corroborer tout de même les hurlements stéphanois. Mais ce n'est pas fini ! Jean-Marie m'a raconté que, pendant qu'il écrivait son article, il avait reçu un coup de fil.

« Allo, M. Lanoë ?
– Oui ?

– Jean-Claude Dassier (alors responsable des sports sur TF1 et futur président de l'OM, beaucoup plus tard). C'est vous qui êtes venu visionner les images, tout à l'heure ?
– Oui…
– Il paraît que vous avez vu la canette arriver en haut du dos de Jean-Pierre ?
– Euh, d'abord, il ne s'agit pas d'une « canette » en verre, mais d'une boîte pas pleine qui, oui, est arrivée en haut du dos de JPP, juste au-dessus de son sac à dos.
– En bas de la tête, donc ?
– Non. En haut du dos…
– En haut du dos, en bas de la tête, c'est pareil, non ?
– Ben, pas tout à fait…
– De toute façon, pour nous, ce sera en bas de la tête, au revoir Monsieur ! »

Selon Jean-Marie, quelques heures plus tard, *Téléfoot* montrait un reportage tronqué qui mettait l'accent sur la syncope de JPP en un habile raccourci, dont les commentaires ne prenaient certes pas parti, mais dont les images étaient en faveur du blessé. Il m'a expliqué aussi que son rédacteur en chef lui avait demandé de revoir son début de papier, trop agressif envers JPP.

Je raconte ça parce qu'il pouvait y avoir du Tapie là-dessous. C'eût bien été son genre. Le Boss avait ses entrées à TF1, et même quelques parts chez Bouygues, actionnaire principal de la chaîne, ceci expliquant cela. Mais je ne vois pas pourquoi JPP aurait simulé ? Pour être plus au taquet quatre jours plus tard en Coupe d'Europe ? À moins que le

Boss ait aussitôt pensé, au moment où Jean-Pierre a reçu la canette, qu'il pouvait y avoir moyen de ne pas jouer le match toujours pour ces mêmes raisons de récupération ? Et donc intimé l'ordre à Jipé de se coucher ? Jean-Pierre, scandalisé par les vertes accusations, a quand même menacé d'arrêter sa carrière… En tout cas, il avait reçu un projectile, qu'on le veuille ou non, ça, c'est une certitude. Quatre jours après cet incident, on battait au Vélodrome le Sparta Prague 3-2, dont deux buts de Papin… Et en janvier 1992, on rejouerait ce Saint-Étienne-Marseille ; la FFF avait donné raison à Tapie : score final : 1-1, but de JPP, l'infernal dépositaire du Boss, sur le terrain et en dehors.

Ah ! Mon TGV qui repart au ralenti… Entre les deux matches, on aura une fois de plus changé d'entraîneur, Ivic laissant sa place à l'éternel revenant Raymond Goethals. Mais bon sang, qu'est ce qui intéressait donc le vieux sorcier belge ? De se prolonger ? De prouver encore et encore ? De tenir tête à Tapie une fois dans la place ? En fait, je crois bien qu'entraîner était sa seule occupation avec un grand O comme OM. Sa définitive vocation. Expliquer la tactique provoquait chez lui une jubilation presque enfantine. Il y avait du vieux prof en lui, mais toujours passionné. Il était célibataire, sa seule compagne étant sa Belga. Du coup, il logeait au Concorde Palm Beach, mais nous disait en aparté : « Entre nous : maiiiis qu'est-ce que tu veux que je faaasse de deux toilettes et de deux télévisons, mmmh ? J'ai paaas besoin de ce luxe-là, moi, heiiin ? De toute façon, j'n'en ai besoin que d'une à la fois, n'est-ce pas ? » Et son rire, ensuite ! Inoubliable ! Gutural et grigou tout à la fois, content de sa blague : « Rrrrrrr. » Jean-Pierre Bernès m'avait raconté que Raymond venait souvent dîner chez lui à la maison. Tous les deux, ils tapaient la belote jusque tard dans la nuit avant que le bras droit du Boss ne le ramène à l'hôtel. Il m'avait aussi narré leur premier rendez-vous, à Carcassonne. Tapie hésitait encore entre Ivic et Raymond. Quand Bernès lui avait dit de chercher un coach pour gagner la Coupe d'Europe, le madré belge lui avait répondu : « Maaiiiis, un entraîneur qui te diiiiit qu'il peut te faire gagner la Coup' d'Europe, ça, il ne te fauut pas le prendre, sais-tu ? Ça veut diiiire qu'il ne l'a jamais gagnée ! Rrrr, rrrrr ! Par contre, moi, je l'ai déjà gagnée une fois ! Rrrr, rrrrr ! Avec Anderlecht. »

Il faut croire tout de même qu'il adorait rempiler : à Anderlecht, à Bordeaux, à Marseille… Et partout, des titres ! Il disait être revenu parmi nous parce qu'il y avait ici des gens aussi fous que lui ! Au fond, et je le regrette, lui qui ne voulait plus que j'aille en équipe de France, estimant que c'est là-bas que je me cramais, ne nous a jamais parlé de ses motivations les plus profondes, entre un Boss autoritaire et des joueurs rigolards qui l'adoraient comme des enfants aiment leur grand-père, celui qui raconte des histoires et file des bonbecs, mais pouvaient parfois franchir certaines limites comme un groupe de potaches quand ils savent qu'ils vont redoubler… Alors, j'ai un peu honte de ce souvenir. On venait de gagner en Coupe de France 1-0 chez notre adversaire préféré, le PSG. But de… Boli. Or, comme on rejouait peu de temps après et que cela nécessitait de reprendre l'avion, Bernard Tapie avait voulu que nous restions ensemble à l'hôtel Valbièvre de Jouy-en-Josas, toujours histoire de cimenter le groupe. L'équipe de France y était également descendue, jadis. Nous n'étions pas seuls car, à l'étage, la gent féminine y était fort présente pour le plus grand plaisir, entre autres, d'un… Franz Beckenbauer, qui, toujours stylé, parvenait néanmoins difficilement à taire ses yeux ronds comme des soucoupes, tel le loup de Tex Avery. Bernard Tapie, malgré un physique avantageux, n'a jamais été un homme à femmes et n'était pas là. En revanche, nous avons glissé un comprimé de Valium dans le verre de notre entraîneur préféré ; il ne valait mieux pas qu'il assiste à la suite des événements. Raymond la Science ronflait, nous riions et je crois que c'est notre osthéo Jacques Bailly qui l'a transporté jusqu'à sa chambre. Vous imaginez tout ça, vous, aujourd'hui ?

16

Comment ça VA ?

De temps à autre, quand je suis assis longtemps, mon genou gauche me titille. Ça me l'a fait tout à l'heure, en m'extirpant de mon siège. Il me ramène immanquablement à son opération, le ménisque, il y a près de trente ans ; le professeur Franceschi m'avait soigné dans sa Clinique Juge à Marseille, entre la rue de Paradis et le Prado. On le surnommait le pape du genou ; il a dû tous nous recevoir un jour ou l'autre ; il est mort dans un accident d'avion avec sa femme, il n'y a pas longtemps. Terrible. Il était intervenu sur le mien avant qu'on ne joue à Bruges, un mois avant la finale de Munich. J'avais donc tenu ma place en Belgique en ayant mal, et je suis sûr que ce que je ressens encore aujourd'hui, engoncé dans mon TGV, vient de cette période où Tapie m'appelait en pleine nuit pour me dire, avec sa traditionnelle impétuosité et son accent parigot façon *Guignols de l'info* :

« Tu viens avec nous à Valenciennes, tu y fais des soins !
– Je préférerais me soigner ici, à Marseille…
– Pas question ! »

Je fais la gueule. Là-dessus, une fois que l'on est arrivé dans la ville dont Jean-Louis Borloo est le maire – il fut également avocat d'affaires du Boss – et que l'on a gagné le déprimant Novotel au bord de l'autoroute, notre président tient un petit discours dans lequel il explique que « ceux qui sont sur la feuille de match seront les mêmes que ceux de la finale à Munich ». Pour moi, la vraie cata. Je monte dans ma chambre sans discuter avec Abedi, contrairement à mon habitude. Sombre est la valse qui tourne et retourne dans ma tête. Je pense que Tapie veut ma peau ; je ne pouvais pas jouer et j'ai tenu malgré tout ma place à Bruges, et me voilà maintenant privé de finale. À moins de jouer, comme le veut le Boss ? Mais je ne peux pas. Soudain, voilà qu'on toque à ma porte : le vieux ! Il n'entre pas dans les habitudes de Goethals de monter nous voir dans nos chambres. Il s'installe au bout de mon lit.

– « J'espèrrre une fois que tu n'l'as pas écouteïïï, heiiin ?
– Coach, il veut me tuer !
– Écoute, je crrrois qu'j'ai mon mot à dire, une fois ? Laaa décision, c't à moi qu'ell' r'vient, oui ? Je n'veux pas d'un chicon à Munich ! J'veux mon Baasil', bien présent sur les coups de coins ! On va tiiirer not' plan ! »

Sacré Raymond. C'est peu dire qu'il m'a remonté le moral avec son côté paternaliste et si drôle à la fois. Le jour du match Valenciennes-Marseille, je sais finalement que je ne le jouerais pas. Je me retrouve dans la tribune présidentielle du stade Nungesser. Comme d'habitude, le « petit » club affronte le gros avec ses armes, façon Coupe de France. Il veut notre scalp pour l'offrir à la ville entière, instant de gloire et d'éternité dans les bistrots, chez soi, partout. À l'OM, depuis le temps qu'on est champion de France, on connaît bien cette musique musclée, hachée, qui rend les tacles plus agressifs et les contacts plus rudes quand on joue loin de chez nous. Compte tenu de mon état, je suis fort aise de ne pas le jouer, celui-là. Seul Munich compte pour moi ; mon compte à rebours personnel a déjà commencé depuis longtemps. Le match ? Tout me semble correct, même les tacles d'Éric, toujours à son affaire dans ce type de contexte. C'est drôle, parce que Jean-Marie me dira plus tard qu'en pleine convalescence post-Furiani, il avait regardé ce match à la télévision avec sa compagne, ses yeux rendus plus soupçonneux par certains matches passés, notamment celui du Spartak, et qu'il avait trouvé que leur défenseur central, Jacques Glassmann, passait son temps à nous donner le ballon. Il s'était alors écrié : « C'est pas possible, ils ont été payés ou quoi ? »

Moi, j'avais trouvé Glassmann à son niveau habituel, qui n'est pas celui d'un grand stoppeur. On mène à la mi-temps grâce à Boksic. Rien que de très normal. Une victoire nous sacre champions et, en face, une défaite condamne VA, au pire, à la descente, au mieux, aux barrages.

Puis je descends dans les couloirs des vestiaires et, là, c'est la cohue, l'effervescence, les invectives. Ça bruisse et ça gueule de partout ! Et de retour dans la tribune là-haut, je sens bien que la tension est elle aussi montée d'un cran, qu'il s'est passé quelque chose de grave, mais sans en saisir encore le pourquoi du comment. Dans le car où nous avons nos places attitrées et qui nous ramène à l'hôtel après ce match bien pourri, je suis assis à côté de Jean-Pierre Bernès, le bras droit de Tapie. Il est visiblement défait, atterré, choqué, anéanti. Je ne sais pas encore de quoi il retourne quand il me dit : « Basile, c'est une catastrophe, VA a posé des réclamations sur le match. »

Jean-Pierre… Il aurait donné sa vie pour l'OM et pour Tapie. Même s'il a fait des études supérieures – Sciences Po –, il s'est fait tout seul au sein du club de sa vie. Gamin, il allait voir le Marseille de Skoblar et Magnusson, assis sur la piste du vieux Vélodrome. Il a connu les premières heures de gloire du club dirigé alors par Marcel Leclerc. Quand le club a été en liquidation judiciaire au début des années 1980, il a fait partie de son comité de sauvegarde ; il collait des affiches partout ; il assistait aux réunions le soir. Personne ne mouillait le maillot comme lui. Il était tellement passionné et investi dans sa mission de sauvetage que les dirigeants d'alors l'ont remarqué, puis installé. Quand Tapie est arrivé aux côtés de Michel Hidalgo, ils ont vite sympathisé et, du coup, à l'heure du départ d'anciens membres du club, lui est resté.

Et quand l'ancien sélectionneur national aux yeux si bleus et à la gentillesse si touchante est devenu manager général, il a endossé de facto le costume de secrétaire général du club, s'occupant de plus en plus du quotidien – et de celui des joueurs – de l'OM quand Hidalgo gérait essentiellement la naissance et l'émergence de la Commanderie, notre nouveau centre d'entraînement. Sur mesure, le costume. Et une fois qu'Hidalgo est parti, il est devenu de facto le numéro deux que Tapie pouvait appeler à toute heure du jour et de la nuit et il ne se gênait pas. Je pense qu'au siège du club, avenue du Prado, Bernès devait bosser au moins quinze heures par jour, sans compter ses fréquents allers-retours à Paris, quand Tapie le jugeait nécessaire. Bernès était OM ; né à Marseille, il avait son club dans la peau et malheur à qui lui voulait du mal ! Tapie avait tout de suite pigé que lui, le Parisien, aurait besoin d'un minot. Lequel minot pouvait se montrer cassant avec les journalistes si ceux-ci n'allaient pas dans le sens de sa maison mère. Je crois bien qu'il avait été partie prenante de l'arrivée de Chris Waddle chez nous. Tapie l'avait fait venir chez lui, rue des Saint-Pères à Paris, pour visualiser la cassette sur laquelle jouait Chris et donner son avis. Rien que pour ça, je lui en suis reconnaissant ! Il était pour nous une sorte de nounou au quotidien. Au moindre problème, hop, Bernès ! Il aimait ça. Ça le faisait bader, je pense, de vivre chaque seconde au milieu des stars de son OM ; pour lui la plus belle des réussites quand son père lui avait reproché jadis d'abandonner ses études pour le foot. Alors, de le voir, Colombo, effondré, là, à côté de moi, me touche infiniment. Oui, Colombo. Entre nous, on le surnommait ainsi, car il portait souvent un imper mastic et, quand il arrivait à la Commanderie, sans le basset hound de Peter Falk, on accélérait en douce le rythme de nos passes pour lui faire plaisir. Au début, avec moi, il se comportait comme Guy Roux ! À se demander si ce dernier ne lui avait pas refilé des consignes ! Il pouvait donc m'appeler au téléphone tard le soir pour me demander ce que je faisais et, d'une façon ou une autre, me surveiller.

Deux jours plus tard, nous sommes à Munich. Dans les vestiaires, tout le monde pleure de joie. Pas sûr que les larmes de Bernès aient la même origine. Tout à ma joie, j'aperçois le président de la Ligue professionnelle de football (LPF), Noël Le Graët, et lui lance : « Président, on n'avait pas besoin d'acheter le match pour gagner à Valenciennes ? » Sa réponse m'a cloué sur place : « Je ne sais pas, l'enquête le dira… »

Il y aurait donc une enquête. À partir de là, tout devient surréaliste, surtout maintenant que j'y pense trente ans plus tard. J'étais obnubilé par ma blessure, que je ressens de nouveau quand je pense à tout ça. Je tirais sur la corde depuis trop longtemps pour que ça se termine bien.

Deux jours plus tard, on joue au Parc contre le PSG et j'y marque le plus beau but de ma carrière. Pas le plus important, c'est celui de Munich bien sûr, mais le plus spectaculaire. Nous sommes champions, les agapes post-Munich et post-Paris sont terminées, je vais pouvoir partir en vacances et reposer enfin un peu mon genou qui m'obsède. Las, l'affaire va me prendre la tête chaque jour que Dieu fera.

Glassmann a parlé, face caméras : « On m'a proposé une somme d'argent et certains avantages si je laissais certains Marseillais passer et si je ne jouais pas sur ma valeur. » Voilà ce qu'il a dit en substance à la mi-temps de VA-OM. À partir de là, je souffrirai, mis à part mon genou, d'une chose : que nous les joueurs, ne soyons jamais informés des suites et complications. C'est comme tous ceux qui ont quitté l'OM : les Forster, les Mozer, les Waddle, les Pelé… Immenses en leurs temps, ils sont partis en catimini, et ça n'était pas de leur fait. Ils n'ont pas eu les adieux populaires qu'ils méritaient. Seul JPP y a eu droit. Qu'est-ce que le silence d'un grand club peut m'énerver ! Et là, « botus et mouche cousue », comme disaient les Dupond et Dupont dans *Tintin*. Des fois que l'on ait gaffé ? Ce silence m'amène à penser que certains d'entre nous n'ont pas été blanc-bleu dans cette affaire. Mais qui ? Moi qui viens d'Auxerre, je n'ai pas connu ça. Je vois mal Guy Roux téléphoner à un joueur adverse, lui demandant de lever le pied… Là-bas, nous avons été éduqués à la dure : c'est à l'entraînement que tu gagnes ton match. On dira peut-être que je suis naïf, mais ce type d'allégation m'est inconnu. Jean-Marie me parle des soupçons qui furent les siens à Moscou lors du Spartak Moscou-OM. Il était allé couvrir les Russes en préparation au Japon, à Tokyo ; il les avait vus s'entraîner fort peu, passer la douane au retour avec deux chaînes hi-fi et trois machines à laver chacun. Il avait vu aussi l'entraîneur s'effondrer en sanglots à l'issue d'un coup de fil de son président dans son bureau, puis s'était étonné du rôle de Koulkov, leur meilleur joueur, sur le terrain.

Mais ça, mon cher Jean-Marie, on ne le ressent pas sur le terrain. Impossible de s'y dire : « Tiens ? l'adversaire ne joue pas à fond. » On est focus, concentré et, à Moscou, on a fait un de nos meilleurs matches, j'en suis intimement persuadé. J'ai eu un soupçon après le 6-1 qu'on avait mis à Poznan, du temps de Beckenbauer, oui. Mais pas pendant le match ; j'étais dedans, comme d'habitude. Je tacle comme un fou ; je ne me rends compte de rien d'autre. C'est après. Il faut bien comprendre qu'il y a tellement d'histoires autour de Marseille… On en parle tout le temps, c'est le pouls d'une ville qui fait la gueule quand on perd et revit quand on gagne. Il règne une telle effervescence autour de ce club que tout est envisagé, en permanence.

Bref, on apprend donc que mon coéquipier Eydelie et Jean-Pierre Bernès auraient contacté Glassmann, mais aussi Jorge Burruchaga et Christophe Robert, ancien partenaire nantais d'Eydelie, la veille de VA-OM pour que, moyennant 250 000 francs, ils ne « surjouent » pas le lendemain – c'est le moins que l'on puisse dire. Le même soir du fameux coup de téléphone, Christophe Robert demande à sa femme de se rendre au Novotel où logent les Marseillais pour qu'elle récupère l'argent, dans une enveloppe. C'est Eydelie qui lui donne ; elle l'enterre dans le jardin de la tante de son mari, à Ribérac, en Dordogne, où les enquêteurs retrouveront le pognon. À partir de là, chaque jour apportera son déprimant lot d'informations, dont la tentative de subordination de témoins – Boro Primorac, entraîneur de Valenciennes, qui n'aura pas cédé –, puis celle, avérée, de Jacques Mellick, député maire de Béthune et secrétaire d'État aux Anciens combattants, ministre de la Mer, puis secrétaire d'État à la Défense – rien que ça ! –, qui avait accepté de faire croire qu'il était en compagnie de Tapie le jour où celui-ci aurait vu Primorac. Et menacé jusqu'au licenciement son entourage s'il ne le suivait pas dans ses coupables affirmations…

Mais on ne va pas se mentir ; je connaissais Jean-Jacques Eydelie et Christophe Robert. À ce moment-là de leur carrière, ils n'avaient plus rien à perdre et auraient été capables de se faire acheter. Bernès dira plus tard avoir agi sur ordre du Boss. Plus tard encore, on apprendra l'existence d'une caisse noire destinée à alimenter l'achat de rencontres et d'arbitres. « C'est une cicatrice, quelque chose qui ne me correspondait pas. On a pété les plombs. J'assume. Marseille, c'est ma ville. J'ai tout fait pour l'OM. Je suis même allé en prison pour l'OM. J'ai fait une erreur, mais je ne l'ai pas faite pour moi. Elle était condamnable, mais je l'ai faite pour le club, pas pour m'enrichir personnellement. C'est le passé. Aujourd'hui, mon casier judiciaire est vierge. » (Entretien dans *L'Équipe* le 30/10/2014.) Bernès fera cet aveu 10 ans plus tard. Sur le moment, je savais qu'il aurait donné sa vie – ce qu'il a fait, finalement – pour son club, et c'est pour ça qu'à sa sortie de prison, je lui dédierai mon but lors de la première journée de championnat de la nouvelle saison un mois plus tard contre Lens. Ma compassion était alors plus forte que ma colère. Et pourtant, quelle humiliation que cette descente de police à Font-Romeu, où nous avions préparé tant bien que mal la nouvelle saison ! Garde à vue pour tout le monde. Une vingtaine de flics a déboulé ; on a tous été appelés un par un et subi des interrogatoires poussés pour plusieurs d'entre nous : Di Meco, Deschamps et Desailly, ces deux derniers ex-coéquipiers nantais d'Eydelie et donc peut-être plus au courant que d'autres du projet de corruption, envisagé par le Boss sur le *Phocéa*, qui sait, le jour où il a reçu bruyamment tout le monde à quelques jours du départ pour Munich ? C'est ce qui leur a été demandé.

Ce fut le feuilleton des médias ; selon le stade où l'on jouait, on recevait soit des ovations du public, soit des insultes. Y repenser là, maintenant, me donne envie de vomir mon sandwich SNCF. Quant au pourquoi de ce match acheté, c'est vrai que, comme l'a dit le Boss, sur le papier, l'OM avait tous les atouts joueurs pour taper Valenciennes. Mais ce n'est pas le sacre que le Boss avait en tête, contrairement à ce que l'on a souvent dit. La tournure prise par le championnat selon une victoire ou non à Valenciennes n'a rien à voir là-dedans. Non. L'obsession de Tapie, c'était l'éventualité d'avoir des blessés avant Munich. Il avait eu souvent l'occasion de nous parler de la finale de la Coupe d'Europe de 1976, perdue par les Verts contre le Bayern Munich à Glasgow, qu'il avait mal encaissée comme tous les Français. Tout le pays était derrière Saint-Étienne, mais le club qui, avant l'OM, avait passionné toute la France, n'avait pu compter le jour J sur Farison, Synaeghel et surtout Rocheteau, l'Ange vert, ne rallumant l'espoir qu'une fois entré en jeu à un quart d'heure de la fin, trop tard. Tous blessés dans une rencontre « jeu de massacre » avec Nîmes quelques jours auparavant. Tapie se souvenait même aussi que le gardien Curkovic avait mal à l'épaule. Et quand notre président nous rappelait tout ça, il enchaînait avec notre finale perdue à Bari deux ans auparavant avec un Papin blessé et un Chris pas au mieux. C'est de ce côté-là qu'il fallait chercher le mobile. En attendant que les enquêteurs l'aient trouvé via des aveux, mes rêves de gloire en avaient pris un sacré coup, comme un avion qui plane avant de se prendre une giclée d'obus. Je suis tombé de si haut que je me demande encore quel fut mon parachute ?

17

Rab de Rap

Les paysages défilent. *La Provence* est posée sur la tablette devant moi. Tiens ? À la rubrique culture, je tombe sur un article consacré à mon pote et ancien coéquipier Éric Di Meco, devenu bassiste dans un groupe – Osiris – reprenant les standards du combo de Manchester, Oasis, qui, à l'époque, plaisait énormément à Chris Waddle. Il faudra que j'aille le voir sur scène ! J'ai vu ce que ça donnait sur YouTube et, si on aime le genre, c'est excellent ! Ça déménage ! Les guitaristes riffent dur. Et le jeune chanteur a la voix de Liam Gallagher. Il a plusieurs dates de prévues sur la région PACA, dont une à l'Espace Julien, et même une autre à Paris ! Ça a l'air de marcher pour lui et ça me fait drôlement plaisir ! Lui qui disait qu'il avait plus le trac avant de monter sur les planches que de jouer un match de Ligue des champions ! Je me rappelle qu'après un terrible attentat à Manchester, dans le stade de City, il y avait eu un France-Angleterre amical de foot un mois après au Stade de France ; la Garde républicaine y avait joué *Don't Look Back In Anger*, d'Oasis, en hommage aux victimes. Ça doit avoir quatre ou cinq ans. Mais si je sais que les frères Gallagher d'Oasis sont des fans absolus de Manchester City, ils ne chantent pas leur club – qui arbore les mêmes couleurs bleues que mon OM. Enfin, je ne crois pas. Peut-être que d'autres groupes le font ? Il y a une telle corrélation, aujourd'hui, entre foot et musique… Et à Marseille plus qu'ailleurs. Ici, le rap a vraiment délié les langues, brassé les cultures pour mieux les réunir.

On a toujours chanté Marseille. Léo Ferré, Colette Renard, Fernand Sardou, Tino Rossi, Patrick Fiori et même Édith Piaf – j'ai vérifié. Mais souvent sous un angle folklorique, avec des photos touristiques du Vieux-Port « avé l'assent ». Y découvrir le rap m'a tout de suite passionné, avec son melting-pot musical et culturel. Comme dans un match au Vélodrome, cet irrésistible courant réunit plusieurs générations venues d'horizons lointains et variés. C'est ça qui est chouette. J'ai en quelque sorte assisté à sa naissance en *live* en me rendant aux premiers concerts d'IAM jadis, et jamais je n'ai perdu depuis le fil musical de ma chère cité phocéenne. J'ai peut-être vécu l'âge d'or du genre, mais le rap marseillais ne s'est jamais éteint, bien au contraire. Je crois même qu'il n'a jamais été aussi vivace. D'ailleurs, j'ai là avec moi un microbaladeur rempli ras la gueule de morceaux bien… râpeux. Ça me permet d'évacuer mes soucis, surtout en ce moment. Je ressasse tellement… J'écoute *Je suis Marseille*, avec entre autres mes vieux potes Akhenaton et Shurik'n. C'est relativement récent et ça tient la route. JuL et Soprano sont les héros d'aujourd'hui. JuL a sa fresque géante dans le 16e arrondissement de Marseille, que l'on voit de l'autoroute A55. D'eux, j'ai adoré *Marseille, C'est*, et son entêtant marimba qui me rappelle tant mon Afrique, ma Côte d'Ivoire :

> « Marseille, c'est la plage, le foot, la gratte en pleine chaleur
> J'vois les gadjis zoner et faire des béquilles en Fazer
> Les flics te font danser le moonwalk à coup d'taser
> On s'ennuie toute la nuit, on parle, on tourne jusqu'à pas d'heure
> Marseille c'est la plage, le foot, la gratte en pleine chaleur. »

De JuL, toujours, j'ai réentendu, l'autre jour, *Pow Pow*, dans un bar parisien – comme quoi le rap marseillais s'exporte au nord de la Loire :

« Nous, c'est : « Vive l'OM », demande à mon père
L'étoile sur l'maillot, elle peut pas tomber. »

Ça m'a touché, forcément, d'être tombé là-dessus, surtout à Paris. Sur deux accords seulement, c'est dansant, hypnotique ; j'adore, il a vraiment son style.

Puis je viens de flasher sur un petit nouveau : Kemmler. Que je vais du coup, écouter, là, maintenant. Formidable ! Lui, alors, est complètement immergé dans le foot marseillais et ses chansons le proclament. Minot, il a joué au 1er Canton, dans la même équipe que JuL ! J'ai lu dans un article de *So Foot* que son père était tunisien. Toujours ces migrants qui débarquent à Marseille. Une histoire belle et millénaire, sans fin, universelle. La mienne, la nôtre. Petit, il se déguisait en Fabrizio Ravanelli, un superbe attaquant italien de la fin des 90's aux cheveux plus blancs que blancs, malgré son âge. Facile donc à imiter d'une perruque immaculée ou d'un coup de peinture argentée. Il a aussi sévi dans tous les groupes de supporters : MTP, les Yankee Nord, les South Winners. Un vrai de vrai.

L'OM, le club et ses dirigeants ont eu l'idée géniale de créer il y a peu les « OM Sessions » en collaboration avec la multinationale musicale Sony BMG, excusez du peu. Chaque mois, un rappeur marseillais doit présenter son morceau avec une figure imposée : y caser cinq mots qui aient un rapport avec le club ou le football. Croyez-moi, ça se bouscule au portillon ! Évidemment, il n'est pas une ville en France où le football ait autant d'importance, j'en sais quelque chose. Donc succès garanti sur les réseaux sociaux. En 2004 était déjà sorti un CD *OM All Stars* qui avait bien marché. Mais là, avec les progrès d'Internet et l'extension des réseaux sociaux, le projet du club est à durée illimitée. Et le camarade Kemmler a cartonné ! Sa chanson s'appelle *Dimitri Payet*, le meilleur joueur actuel de l'OM, et de très loin. Un créateur et un finisseur, aussi, dans la lignée de « mes » Abedi Pelé et Stojkovic.

Je mets mes écouteurs :

« Supporter du club le plus bouillant de France
C'est pas les millions qui font la passion
Capitale du foot, zéro concurrence
Dealer de souffrance en échantillons
On est champion
Pas seulement par l'étoile que tous connaissent
Les gardiens qu'on signe deviennent forteresse
L'attaque est sénégalo-polonaise
Parce que le racisme n'existe pas chez nous
L'Orange Vélodrome est rouge des fumi'
Adversaires sont verts
Les drapeaux sont blancs
Les bleus sur le cœur, ça nous définit
Sur nos buts, ça explose dans tous les stades
Comme si le pays nous appartenait
Même le président nous suit sur Insta
On crée des actions, on crée des géné
Rations de footballeur qui foutent le feu
Bouba, Maxime, Samir, André, c'est nous
Quand tout le public reprend un «aux armes»
Sur ma mère, commentateurs, taisez vous. »

Ça a une autre tenue que notre *We've got a feeling* avec Chris, non ? Ses mots sont forts, ils auraient été nôtres en 1993.

« J'suis numéro 10, j'distribue les bastos
J'distribue les couplets comme des passes décisives

Appelle-pas la police quand y a l'feu sur l'parvis
Comme chaud sur ma vie les soirs de Champions League
Et t'as pas connu Marseille, t'as rien connu
Transmission fils, d'daron d'puis le papy
Longoria, Pape Diouf ou Bernard Tapie
On peut rendre star le moindre inconnu
On peut faire de toi le dernier des cuits
Si sous la pression t'es un peu léger
Quand on rentre chez nous
On s'essuie les pieds sur un putain d'maillot 30 du PSG. »

« Et t'as pas connu Marseille, t'as rien connu. » Exact. J'ai connu Marseille. Et même si l'OM tarde à renouer avec son lustre d'antan, la passion est intacte et le rap l'exprime. Les quatre saisons que j'y ai vécues sont comme celles de Vivaldi – qui n'était pas un rapeur : printemps, été, automne, hiver. Sublimes partitions terminées en apothéose à Munich. Mais en repensant au Boss, j'y ai malgré tout passé quatre étés. Grâce à lui.

18

Désenchantements

J'ai de bonnes raisons de me souvenir d'un Marseille-Metz de 1993 joué au Vélodrome en pleine affaire VA-OM. D'abord parce que je me suis fait expulser pour la première fois de ma carrière – il n'y en aura qu'une autre, plus tard, avec Monaco. Ensuite parce que mon énervement était surtout dû à l'ambiance délétère qui régnait autour du club depuis la reprise du championnat. Alors, oui, j'ai décapsulé. Un peu. Avec le recul, là, à présent, dans ce train qui remonte vers Paris en même temps que tous mes souvenirs marseillais, je me dis que je n'aurais pas dû. Que je n'ai pas fait preuve d'un grand esprit sportif sur ce coup-là et que j'aurais peut-être dû me contrôler. OM-Metz. Le 24 septembre. Une date que j'ai retenue, oui. Avec des remontées de fiel très précises. 0-0, la pause arrive. Notre goal très volant, Fabien Barthez, est sorti dans les pieds de l'attaquant adverse. Hors de sa surface ou dans sa surface ? L'arbitre, M. Anton, met d'abord un carton jaune à Fabien avant de se raviser après avoir consulté son juge de touche. Un rouge car, hors de sa surface, selon lui. Et donc penalty. À mon tour de voir rouge. Je proteste et nous voilà réduits à neuf ! Je n'ai pas l'habitude. Vaguement honteux, mais surtout scandalisé, je vais pleurer dans les bras de mon gardien qui doit céder sa place au jeune et petit Thomas Videau, 19 ans, quelques matches de D3 au compteur et voilà tout. Qui sera d'ailleurs à deux doigts de stopper le penalty, ce qui aurait peut-être modifié le cours des choses. Moi, j'étais juste coupable d'avoir protesté. Mais après la pause, l'arbitre, futur avocat, sera désastreux dans toutes ses décisions – il n'y a pas que moi pour le dire – et semblera s'ingénier à siffler systématiquement contre nous. Au total, un but refusé à Völler, un penalty non sifflé sur Boksic et deux expulsions. Alors que nous ne sommes plus que neuf sur le terrain. Du coup, après que Metz a marqué deux autres buts, ce sera au tour des supporters de se révolter, et ils ne feront pas semblant. Jets de pierre à… jets continus et autres objets contondants sur l'homme en noir et ses assesseurs, puis, surtout, envahissement du terrain à cinq minutes du terme de la rencontre. Du coup, M. Anton sifflera prématurément la fin du match, devra sortir de l'enceinte protégé par la maréchaussée et sera accessoirement menacé de mort.

Mais il faut me – nous – comprendre et revoir le contexte d'alors. Nous étions en attente de la décision imminente de l'UEFA. Allait-elle suspendre le club de toute compétition européenne après que notre fédération a déjà puni

MM Bernès, Eydelie, Robert et Burruchaga ? Avant même qu'elle ne se prononce le lendemain de ce triste match, on avait appris que le Milan AC avait déjà réservé son hôtel au Japon où se déroulerait la Coupe intercontinentale[8] au mois de décembre. Ceux que nous avions battus quelques mois plus tôt à Munich nous remplaceraient, on en était déjà sûr avant l'officialisation du verdict. Les boules ! Grosses comme ça. Adieu donc, mon beau rêve de Coupe intercontinentale à Tokyo. Le lendemain, on apprendra que l'OM sera également privée de toute autre compétition continentale. Pas de Supercoupe non plus. Sur le plan national, c'est mon ancien club, Auxerre, qui récupérera illico une place en Coupe d'Europe à notre place. Très maigre consolation.

En fait, M. Anton avait une dent contre nous et me l'avait imprudemment confié avant le match, je ne sais plus en quels termes. Et son arbitrage s'était avéré plus que contestable. Il est allé dire ensuite que je l'avais insulté, ce qui est archifaux – vous commencez à me connaître. Par ailleurs, il ne se passait pas une seule journée sans que l'on évoque l'affaire VA-OM dans les journaux télévisés et ailleurs. C'était d'autant plus pesant que le Boss ne nous donnait aucun éclaircissement. Même si notre équipe avait toujours de la tenue, car Tapie avait fait comme si de rien n'était. Bernès

8. La Coupe intercontinentale, devenue en 2004 Coupe du monde des clubs, opposait alors le vainqueur de la Ligue des champions à celui de la Copa Libertadores qui, de son côté, élisait le meilleur des représentants du continent sud-américain. Elle se disputait sur une seule rencontre, toujours disputée au Stade olympique de Kasumigaoka, à Tokyo. En 1993, le Milan AC, qui remplaçait donc l'OM, a été battu par les Brésiliens du Sao Paulo FC, 3-2. Bien fait !

hors de coup mais sorti de prison, le président avait chargé Jean-Louis Levreau de faire l'interface. On avait changé d'entraîneur, déjà ; place à Marc Bourrier, ancien sélectionneur de l'équipe de France Espoirs championne d'Europe 1988, avec mes coéquipiers d'hier et d'aujourd'hui : Frank Sauzée, Joss Angloma et Éric Cantona. Un type honnête et droit, mais de l'ancienne génération, dont les phrases motivantes étaient du type : « Les gars, ils ont deux bras et deux jambes comme nous. » Ça avait un peu vieilli, psychologiquement parlant… D'ailleurs, je me souviens de la toute première causerie de Marc avant notre premier match de championnat. Ou alors c'était en préparation à Font-Romeu ? Terrible. Il y avait des petits nouveaux dans l'équipe, à commencer par mes anciens potes de jeunesse auxerroise : William Prunier, rude défenseur, et Daniel Dutuel, milieu bosseur-relayeur de talent. Bourrier termine sa causerie. Tapie, qui était présent et ne tenait pas en place, lui demande : « Tu as fini ? » Et il embraye : « Bon, ça, c'est de la merde, ça n'est pas comme ça que vous allez jouer. » Et s'il n'a certes pas refait l'équipe, il en a revu complètement son dispositif tactique : « On va passer de quatre à cinq en phase de repli », poursuivait-il. Les têtes de William et Daniel qui se tournaient vers moi comme pour me demander : « C'est toujours comme ça que ça se passe ? » Eux, habitués comme moi jadis à Guy Roux, seul maître à bord après Dieu ! Ils se demandaient vraiment où ils étaient tombés… Je revois le sourire désolé de Marc Bourrier qui n'avait rien pu dire, en quelque sorte pieds et poings liés…

Bref, l'ambiance était étrange, tendue, avec une impression de moins en moins diffuse que « l'on » voulait se payer l'OM. On ? La Fédé, la Ligue, les arbitres, les politiques. C'est la thèse que je développerai quelques jours plus tard, invité sur le plateau de *Téléfoot*. Je crois y avoir dit que « je préférerais en ce moment être un joueur d'Angers ». Bien entendu, la presse y a vu une sorte de serment de fidélité au Boss quoiqu'il arrive, alors que je ne faisais que mettre mes tripes sur la table, avec mes mots à moi. Je n'étais plus dupe de ce qui s'était passé à Valenciennes. Mon avenir se floutait copieusement. En plus, ça commençait à jaser à propos de ma forme physique ; on doutait que je retrouve mon niveau d'avant – et moi aussi du reste, puisque je m'étais fait une déchirure à la cuisse contre le PSG –, le sélectionneur national Gérard Houllier ne faisait plus appel à moi ; bref, toutes ces choses qui vous minent bien le moral. Seul petit rayon de soleil : le lendemain de mon expulsion du Vélodrome, je me rendis non loin de là au nord du 16e arrondissement de Marseille, inaugurer le stade… Basile Boli, ce qui me rendit aussi sec sourire et fierté un temps envolés.

Cependant, encore une fois, Tapie, durant l'intersaison, avait renforcé l'effectif malgré les départs de Sauzée, Ferreri, Olmeta, Amoros – à qui Tapie n'avait pas pardonné son penalty raté à Bari et qui n'avait plus beaucoup joué avec nous depuis –, et enfin mon si cher ami Abedi Pelé. Heureusement que je retrouvais mes anciens partenaires auxerrois, sans quoi j'aurais sombré tellement j'avais besoin de potes. Surtout dans une période comme celle-là.

En contrepartie, le Boss avait donc ferré une énorme pointure, le génial portugais Paulo Futre, étoile scintillante de l'Atlético de Madrid et de Benfica. Un des meilleurs joueurs européens, vraiment. Las. Malgré la présence de son coéquipier, le minuscule Rui Barros, malgré notre accueil, notre souci récurrent de le mettre dans les meilleures dispositions, comme on l'avait fait auparavant avec toutes nos stars étrangères, Futre traînera spleen, *saudade* et blessures, ne fera aucun progrès dans notre langue, bref, ne s'intégrera pas. Huit matches plus tard, Tapie le refourguait à la Reggina en Italie, beaucoup moins cher qu'il ne lui avait coûté. Mais il paraît aussi que Paulo avait été effaré par le contexte marseillais et notamment le fait que Tapie fasse l'équipe à la place de Bourrier. « *Bem-vindo a nossa casa* (« Bienvenue chez nous »), Paulo… »

On nous bourrait le mou. Je crois que notre directeur financier Alain Laroche avait convoqué la presse pour lui expliquer que l'OM n'avait pas 500 millions de dettes mais 90 et que la simple vente de Boksic suffirait à combler le trou. Tu parles ! Moins de deux mois plus tard, Boksic et Desailly étaient vendus et le club renonçait à la manne financière budgétée de la Coupe intercontinentale. Mais faisait quand même venir à grands frais l'attaquant aussi brésilien que sympa et souriant Sonny Anderson qui, lui, marquera seize buts en vingt-quatre matches, malgré l'environnement salement vicié. Avec lui, on finira tout de même deuxième du championnat derrière notre ennemi intime, le PSG. Une belle perf malgré ces temps troublés qui nous auraient valu une Coupe d'Europe si le club n'en avait pas été radié et s'il n'avait pas été rétrogradé administrativement en Division 2 en fin de saison, la fin de tout.

Une certitude pour moi. L'animosité qui nous accompagnera tout au long de la saison, excepté de la part de nos supporters évidemment, ne concernera pas l'OM que toute la France badait encore, mais bel et bien Bernard Tapie. C'est lui qui a cristallisé la haine de tous, tous voyant l'opportunité de faire rendre gorge à celui qui les avait si longtemps envoyés paître à coups de décisions unilatérales, de morgue et de réussite. Et même si le Boss m'avait plus d'une fois rudoyé, même si sa culpabilité faisait de moins en moins de doute, je me demandais si, au sein de la meute hurlante, quelqu'un aurait eu la bonne idée de vouloir reprendre le club. Mais non. Un tombereau de reproches et aucune proposition. L'avenir de l'OM sombrait et, si je ne voulais pas mourir dans ce *Titanic* anciennement *Phocéa*, il fallait que je parte. Une idée qui ne m'effleurait pas en juillet, mais qui devint patente quelques semaines plus tard. Je ne le voulais pourtant pas, mais Tapie me le suggéra. Il lui fallait désormais dégraisser à tout prix. En fin de saison, j'aurai des contacts avec Tottenham, la Fiorentina et la Lazio, à qui j'avais donné un accord de principe après être parti en tournée avec le club romain au Brésil et en Argentine. Je devais y signer quand on m'a proposé de me payer la moitié de mon salaire au noir. J'ai préféré décliner ! En Écosse, les Glasgow Rangers, le plus grand club de la ville avec le Celtic – la rencontre des deux, protestants d'un côté, catholiques de l'autre, est toujours explosive – avaient un projet qui me respectait question contrat. Nous étions en pleine Coupe du monde, à laquelle les Bleus ne participaient finalement pas – célébrissime but du bulgare Kostadinov oblige –, j'avais rencontré le capitaine des Rangers Ally McCoist, les salaires étaient confortables, le stade, Ibrox Park, fabuleux ; le club protestant disputait la Ligue des champions et j'y retrouverais des mecs contre qui j'avais déjà joué : Gough, Hateley et Gascoigne. J'y signerai donc pour quatre ans. En route vers de nouvelles aventures ! Mais il m'arrivera ce que tous mes copains ou presque ont enduré, sauf JPP : je ne pourrai dire au revoir ni à mes coéquipiers, ni à nos supporters. Après quatre saisons d'amour et de feu à l'OM. Un crève-cœur.

19

Jubilons !

C'est quand même affolant, le poids que l'on peut vite prendre lorsqu'on arrête sa carrière ! Ça ne faisait qu'un an et quelques poussières d'étoiles que j'avais raccroché les crampons mais, lorsque j'ai rejoint toute « ma » troupe pour le jubilé de Jean-Pierre Papin en 1999, je m'étais copieusement épaissi. N'empêche. Retrouver tant de copains de « régiment » après cinq ans passés à oublier l'OM, aux Rangers de Glasgow, à Monaco, puis au Japon aux Urawa Red Diamonds de Saitama, où l'ex-adjoint du Kaiser Franz, Holger Osieck, m'avait fait venir, réchauffait singulièrement mon cœur. Jean-Pierre, élu joueur du siècle par son club, avait bien fait les choses et vice-versa. Soixante mille spectateurs dans un Vélodrome format Coupe du monde 1998, archiplein pour un jubilé ! Il n'y a qu'à Marseille que l'on peut voir ça. Il n'y a que dans cette ville de merveilleux fous gueulant que l'on conserve à ce point le culte des anciens.

Ils font partie de la mémoire collective, et ça me fait du bien de penser qu'il en va de même pour moi. Dans ce registre, les South Winners avaient fait très fort avec le gigantesque maillot floqué JPP qu'ils avaient concocté et qui occupait toute la tribune Ganay. Dessus étaient inscrites les trois fameuses lettres avec en dessous : « Massalia 2006 », rappelant ainsi que cet événement-jubilé découlait en quelque sorte d'un autre autrement plus lointain, lorsque les Phocéens venus d'Asie mineure puis les Grecs fondèrent Massalia, il y a 2 600 ans. Ici, on ne plaisante définitivement pas avec le passé et JPP fait partie de ces héros de légende. Dommage qu'il n'ait pas vécu à l'époque d'André Suares ! Mais à la mienne, ça me va très bien. D'ailleurs, j'ai retrouvé intactes, sur le mur du musée-boutique côté tribune Jean-Bouin, nos empreintes de pied moulées puis prises dans une dalle de béton juste avant que l'on ne rénove le Vélodrome pour la Coupe du monde de 1998. Tout comme les stars ont les leurs sur le Walk Of Fame de Hollywood Boulevard… La frime !

C'est aussi de la tribune d'où débordait ce maillot colossal que retentirent des « Tapie », « Tapie » ! En revanche, d'autres invités, et non des moindres, se feront siffler, conspuer : des joueurs de Bordeaux. Laslandes, Wiltord, Benarbia, Pavon. Pourquoi ? La veille, le championnat de France venait de se terminer. Marseille et Bordeaux étaient au coude à coude. L'OM était allé gagner 1-0 à Nantes. Pendant ce temps, les Girondins jouaient contre le PSG au Parc des Princes. À 1 minute de la fin du match, il y avait 2-2 et l'OM était champion. Un but de Bordeaux dans les arrêts de jeu et le verdict s'était inversé. Vu de Marseille, le PSG, c'était sûr, avait fait exprès de perdre tellement, dans la capitale, on ne nous porte pas dans son cœur. Telle avait été la thèse défendue dès la veille au soir par l'entraîneur de l'OM, ce cher Rolland Courbis, thèse forcément adoptée par le public le lendemain.

C'est drôle : vingt-trois ans plus tard, je me souviens de presque tout. Peut-être parce que je m'étais éloigné mentalement du club avec ma dernière saison là-bas en travers de la gorge, comme si mon bonheur avait été spolié par les affaires ? J'avais fait, c'est vrai, une sorte de blocage sur le club, mais pas sur la cité phocéenne, à laquelle je m'étais de plus en plus intéressé, toujours heureux de voir des films, de lire des bouquins la concernant, de rencontrer des gens qui en parlaient bien et désireux à mon tour de témoigner en montrant pourquoi c'était la plus belle ville du monde. Mais de voir JPP acclamé comme un empereur entrer sur la pelouse aux accents de *Carmina Burana*, accompagné d'un lâcher de 355 ballons – comme autant de ses buts pour l'OM –, ça m'a secoué et du coup réconcilié in petto avec mon club de cœur.

Cette fête, ces sourires, ces émotions me ramenaient un peu à Munich. Deux rencontres avaient été organisées. La première opposait l'OM 1990, le mien, à celui d'aujourd'hui, en 1999. En défense centrale, j'ai retrouvé mon vieil ami Carlos Mozer – et notre tacite adage : « On ne passe pas ! » –, l'homme qui, en son temps, savait tenir tête à Tapie.

Et revoir Raymond Goethals aux cheveux toujours teintés et la clope aux lèvres m'a transporté de joie.

« Oh mon Basil', j'tais bien sûûûr qu'tu viendrais à guindaille !
– À Guindaille ? Mais coach, nous sommes au Vélodrome…
– Maiiiis non ! V'nir à guindaille, ça veut dire faire la fête, chez nous, en Beeeelllgique. Rrrrrrr ! »

En superforme, Raymond la Science, devant les caméras de TV et une meute de journalistes, en profitera pour remettre certaines choses au point. Six années s'étaient écoulées depuis la finale de Munich, mais l'arrête blanche et bleue qu'il conservait en travers de sa gorge était encore bien visible… Et quelle meilleure tribune que le jubilé JPP pour la montrer ?

« Il a diiiit qu'il avait fait lui-mêm' la tactique de Munich avec Ivic. J'aimerais just' lui réponnnndre que, lorsque je suis arrivé à l'OM, j'avais déjàààà joué trois final' européennes plus deux Supercoup' d'Europe, que j'avais gagné trrrrois de ces cinq final' et que j'n'avais besoin de person' pour décider de la façon dont jouaient mes équipes, hein ?! D'ailleurrrrs, durant mon séjour à Marseille, nous avons rencontré quaatre fois Milan, jaamais perdu et nous avons toujours joué d'la même façon ! »

Revoir l'adorable Gérard Gili fut également un réel plaisir, mais il faut avouer qu'il est moins rigolo…

En tout cas, JPP jouait devant. Et que croyez-vous qu'il advint devant les caméras de TF1 et les deux écrans géants ?

Sur un centre ultraprécis de mon éternel ami Chris Waddle, tête d'Angloma, puis tête de Papin. Victorieuse. J'ai couru pour aller enlacer JPP comme au bon vieux temps. Comme s'il s'était agi d'un match à enjeu. Merci Jean-Pierre de nous avoir ramené ainsi près de dix ans en arrière ! JPP s'alignera ensuite au sein de la sélection mondiale – entraîneur Aimé Jacquet –, qui affrontera l'équipe de France championne du monde 1998 – entraîneur Roger Lemerre. Tous les vainqueurs de la Coupe du monde encore toute fraîche étaient là, sauf Zizou, blessé et opéré du genou. Ce qui m'a plu, aussi, c'est de savoir que tous les bénéfices de cette fabuleuse journée iraient à l'association fondée par Jean-Pierre, Neuf de Cœur, qui aide les familles aux enfants cérébro-lésés.

À l'arrivée, mon meilleur premier souvenir post-années folles me donna envie d'organiser le mien, de jubilé, ce qui fut fait deux ans plus tard grâce à Patrick Givanovitch, spécialiste du marketing et de la communication. C'est lui qui avait agencé celui de Jean-Pierre, c'est encore lui qui me souffla à l'oreille de monter le mien. Avec, pour partie, une bonne dose de joueurs déjà présents deux ans plus tôt, opposée à l'OM 2001. Et en première partie une rencontre Endoume-Marseille (CFA) contre une sélection des supporters de l'OM, les bénéfices de la recette allant à la fondation de mes Namans chéris, un orphelinat que j'avais créée en Côte d'Ivoire. Mais si tous ceux que j'avais invités sont venus, à commencer par Chris Waddle qui, lui, jouait encore, mais en Non-League anglaise, à Worksop Town, dans le Nottinghamshire – on dirait la division d'honneur régionale de chez nous – Abedi, Deschamps, Boksic, Sauzée et Joss Angloma, la vérité m'oblige à dire que le succès de mon événement fut moins étincelant que celui de Jean-Pierre, ce qui ne m'a pas étonné. Soixante mille spectateurs pour JPP ; trente mille pour moi, mais c'était déjà super ! Je ne suis pas le joueur du siècle, tant s'en faut, malgré mon coup de tête de Munich ; deux ans s'étaient encore écoulés depuis le jubilé de Papin, et l'OM 2001 ne valait certes pas celui de 1999 qui, outre sa deuxième place en championnat dans les conditions épiques que l'on sait, avait fraîchement disputé la finale de C3 contre Parme ; l'OM 2001, lui, venait de finir piteusement quinzième de son championnat et avait décidé de confier les clés du camion de l'entraînement à... Tomislav Ivic, dont le retour avait été suggéré par... le Boss ! Oui ! Le Boss, de retour ! Avec rôle et titre contournant allègrement jugements et punitions post VA-OM toujours en cours ! Appelé par le président Louis-Dreyfus car sachant converser et échanger avec les supporters de plus en plus excédés par les mauvais résultats de l'équipe, Tapie venait juste de revenir comme « actionnaire associé chargé de la partie sportive ». Belle sémantique... Et ça n'avait semblé choquer personne du côté des instances sportives, qui avaient pourtant enfoncé gaillardement le Boss en 1993... Redevenu responsable de toute la partie sportive du club bien que non-président, Tapie retrouvât ce rôle de grand manitou pour le plus grand bonheur de ceux qui avaient connu son époque dorée marseillaise. Mais déjà à l'époque, en 2001, je me disais que les temps avaient bien changé, arrêt Bosman oblige[9], et que telle une fiancée autrefois conquise, les retrouvailles seraient tout autres et ce (mal) faisant, douloureusement ratées. Je l'avais prévenu, du reste, le Boss : je lui avais dit que, dès lors qu'il ne s'agissait plus de son portefeuille à lui, les choses iraient différemment. Que les agents véreux pullulaient, que l'ouverture à l'Europe avait libéré les joueurs et qu'ainsi, tout le monde pouvait jouer n'importe où ; Chris aurait pu lui chanter le dernier couplet de *The Times They Are A-Changin'* signé Bob Dylan :

> « *The slow one now will later be fast*
> *As the present now will later be past*
> *The order is rapidly fadin'*
> *And the first one now will later be last*
> *For the times they are a-changin*[10]. »

Mais Tapie, toujours dans le viseur de la justice, préférera ne pas venir à mon jubilé, bien que je l'y ai invité. Bref, 30 000 spectateurs, même sans Tapie, c'était déjà un beau score tellement notre pays ne sait pas rendre hommage,

9. L'arrêt Bosman estimait entre autres que les quotas limitant à trois le nombre de joueurs étrangers ressortissants de l'UE dans une équipe de club constituait une discrimination entre nationalités européennes. Par conséquent, tous les joueurs de l'UE pourront circuler librement d'un club à l'autre, mais l'économie du football français ne lui permettra plus, sauf exception, d'attirer les meilleurs joueurs comme pendant la période Tapie.
10. « Et le sort et les dés maintenant sont jetés / Car le présent bientôt sera déjà passé /Un peu plus chaque jour, l'ordre est bouleversé / Ceux qui attendent encore vont bientôt arriver/Les premiers d'aujourd'hui, demain, seront les derniers / Car le monde et les temps changent. »

ordinairement, aux glorieux anciens. J'y avais retrouvé avec plaisir Enzo Scifo, d'Auxerre, « Pixie » Stojkovic, Abedi... Et donc Chris.

Chris... Il était arrivé spécialement pour moi deux jours avant et c'est finalement le bonheur de ces retrouvailles que je garde aujourd'hui chevillé au cœur. Avec lui, on a refait notre tour des popotes comme au bon vieux temps. On avait un tour spécial. Avec quelques-uns de nos copains, on commençait à Marseille, cours Mirabeau, où Chris connaissait bien un bar tenu par d'anciens boxeurs arméniens, puis on terminait dans un restaurant irlandais assez peu connu et planqué dans les ruelles d'Aix-en-Provence, dont l'atout numéro un était... la musique ! Le patron disposait d'un carrousel à CD, sur lequel on posait les nôtres. Alors, on mettait quatre fois Sting (*Englishman In New York*), Toto (*Africa*), Phil Collins (*Another Day In Paradise*), Peter Gabriel (*Sledgehammer*), puis on enchaînait avec Jean-Jacques Goldman (*Quand la musique est bonne*), Ray Charles (*I Got A Woman*), Stevie Wonder (*Sir Duke*), Marvin Gaye (*What's Going On*) et Tina Turner (*Proud Mary*). Et une fois que l'on avait écouté et réécouté tout ça, on essayait chacun notre tour de chanter le mieux possible dans un micro que nous tendait le patron et on se notait !

Mieux qu'un karaoké ! Chouette jubilé qui prouve que les années passent et que l'amitié demeure, dans un TGV, intacte. Et belle.

20

JAM : Japon-Afrique-Marseille

Prendre sa retraite n'est pas une mince affaire, surtout après tout ce dont je viens en partie de me souvenir. Pas facile de tourner le dos à un passé glorieux quand il faut regarder devant. Mais à une trentaine d'années déjà bien tassées, mon corps est en souffrance, et je n'attends plus de miracle post-opératoire. Je souffre toujours du genou gauche ; oui, celui pour lequel j'avais demandé à être remplacé durant la finale de Munich ! Il faut croire que je ne faisais pas tant de cinéma que cela, n'est-ce pas, patron ? Problème de cartilage. J'avais donc subi une première intervention à Marseille par le professeur en chef dévoué à l'OM, Jean-Pierre Franceschi puis une seconde par le professeur Saillant à La Salpetrière, à Paris – je ne voulais plus être opéré par quelqu'un appartenant financièrement à la sphère du club –, juste avant que je ne parte au Japon. Celui-ci m'a alors dit : « Avec le genou que tu as, je te donne deux ans à jouer, maximum. » Et puis, je souffrais également de maux de tête quotidiens depuis un terrible choc à la tête avec mon propre gardien de but Marc Delaroche ; c'était en 1995, lors d'un Monaco-Leeds en Coupe d'Europe, et je dirais que le trauma crânien qui s'en est suivi ne m'a jamais lâché. D'ailleurs, j'ai été opéré il y a cinq ans d'un kyste près du cerveau qui m'occasionnait chaque jour des vertiges et une hernie discale. Une sorte de magma solide de sang né de la collision avec mon gardien de but.

Alors, c'est au Japon, où je ne n'étais plus guère titulaire depuis quelques mois, que j'ai pris ma décision. Je me souviens avoir fait un peu ce que je suis en train de faire dans ce TGV : le bilan, mon bilan. J'ai donc visualisé toute ma carrière, dans ma voiture cette fois, l'espace de plusieurs heures. J'ai tourné, viré, tourné dans Tokyo, ressassant les *highlights* de ma vie de footballeur pour finir par me dire que j'avais été un put… de privilégié ! Et que j'avais des tas de projets. Dans l'entreprenariat, dans le marketing… J'avais auparavant accepté la présidence d'une association caritative en Côte d'Ivoire, Les Namans – littéralement « les enfants de la rue », autrement dit, des ados démunis ; une sorte d'orphelinat que la guerre civile en Côte d'Ivoire rayera hélas de la carte entre 2002 et 2007. J'avais rencontré l'entrepreneur et homme d'affaires Jean-Luc Lagardère, ex-président du Matra Racing du temps où j'y avais été pressenti, l'abbé Pierre et des spécialistes des maisons de jeunes. Il y en avait un dans la région ; on s'est associé et on a pu acheter une maison pour une vingtaine de jeunes en difficulté. Parallèlement à ça, j'ai fondé ma boîte de prod' Basile Boli Événements, avec laquelle j'ai pu organiser des tournois internationaux de jeunes. J'ai invité le PSV Eindhoven, Feyenoord, le PSG, l'Académie de Jean-Marc Guillou[11], des clubs algériens, tunisiens... Et puis j'avais déjà en tête l'idée de créer ultérieurement un sport-études. Ce qui me turlupinait néanmoins, c'est que je me sentais bien, au Japon ! Je n'ai jamais été aussi respecté et adulé que là-bas. Dans tout ce que je faisais ou pas, on était aux petits soins pour moi. Même mes superstitions étaient sacrées ! Mais voilà, dans ma bagnole, je me suis décidé. Je jouais le lendemain et le surlendemain, c'était plié dans ma tête : en route pour de nouvelles aventures ! Je suis un battant, je ne veux jamais rester sur ma faim. Quand je suis rentré en France, je me suis fait réopérer par le professeur Saillant pour marcher et courir sans difficulté. J'ai créé aussi ma propre structure : Basile Boli Promotion, chargée de dégoter des sponsors aux équipes de mon pays d'origine.

Et peu après ma retraite officielle – avant, donc, mon jubilé –, je suis devenu administrateur de Canal+ Horizons

---

11. Jean-Marc Guillou fut un des plus grands milieux de terrain du football français du milieu des années 1960 à celui des années 1970. Pionnier en matière de développement du football de jeunes en Afrique, il est le fondateur de l'école de football d'Abidjan (Académie de Sol Beni). Aujourd'hui, l'Académie Jean-Marc Guillou comprend onze écoles à travers le monde ; une en Europe, sept en Afrique et quatre en Asie du Sud-Est.

Côte d'Ivoire, rachetant, entre autres, quantité de droits de retransmissions de matches internationaux pour les revendre à d'autres chaînes TV. Un mec fantastique, Serge Adda, était alors le directeur général de Canal+ Horizons ; je lui ai proposé des tas de projets qu'on a signés et menés à bien. Il est devenu ensuite PDG de la chaîne cryptée jusqu'en 2001. Il est décédé après être devenu président de TV5. Il aura beaucoup compté dans mon implication dans les affaires africaines du ballon rond.

Évidemment, mon ami Pape Diouf devenu président de l'OM de 2005 à 2009 – de bonnes années, toujours dans le top 5, mais ce club peut-il s'en contenter ? –, avant de céder la place à Vincent Labrune, voyait d'un bon œil mon implication croissante et progressive dans le football africain. Mais mon éternel amour pour l'OM nous a opposés. Pour Pape, Vincent était sans aucun doute l'intrigant responsable de son départ du club. Il disait de lui : « Quand on a tout fait pour remettre ce club à sa place et qu'une personne comme Vincent Labrune vient par vanité, par bêtise, par incompétence et met ensuite l'OM en lambeaux, on ne peut pas aimer ce bonhomme-là, c'est tout. »

Autant vous dire que quand Labrune m'a demandé de venir aider le club confronté à de solides difficultés en 2016, je me suis fait engueuler par mon pote, mon mentor de toujours !

Mais je vais vous confier un truc. Il y a longtemps, un soir, j'étais à Abidjan où j'avais organisé un match de jeunes de l'OM contre ceux du PSG. Je mets la télé : on ne parlait que de Bernard Tapie, fraîchement incarcéré. Journaux de 13 heures, de 20 heures ; pas un moment sans que l'on parle de lui. Je ne me souviens pas de la date – peut-être entre les deux jubilés –, mais j'ai brusquement décidé d'aller le voir dans sa prison de Luynes, près d'Aix-en-Provence, sans même en parler à sa famille ; je me suis procuré le numéro de téléphone de sa taule à qui j'ai envoyé par fax ma carte d'identité, puis j'ai pris un rendez-vous pour le lendemain à huit heures du matin. Je suis arrivé à Aix à six heures ; on m'a mis dans un parloir et je l'ai vu arriver, matricule 265449 G ; il était resté le même ! Il avait un peu maigri, certes, mais gardé la dent dure. Notre entrevue a dû durer un quart d'heure tout au plus. J'avais l'impression que c'était moi qui étais au trou, et lui en liberté tellement il était plus à l'aise que moi ! Et il me dit : « Il faut que tu reviennes au club. Tu ne te rends pas compte de ce que tu représentes. Les plus grands clubs ont eu et ont encore leur Franz Beckenbauer, leur Alfredo Di Stéfano. On n'a pas cette culture, en France. Va à l'OM ! »

Bien qu'à l'époque, je n'eusse pas envie de revenir directement dans le foot, je n'ai jamais oublié ces (ses) mots. Ils ont résonné dans ma tête quand près de vingt ans plus tard – le temps passe si vite ! – Labrune m'a contacté pour devenir coordinateur sportif de l'OM. Je n'étais pas un béotien, car j'avais connu auparavant une demi-expérience du genre avec l'AJ Auxerre, où j'avais fait en quelque sorte mes classes de dirigeant. Vincent Labrune avait commencé à évoquer mon éventuel retour à l'OM dès 2014.

Ça ne me paraissait pas compliqué. Mon rôle serait à géométrie variable. Coordinateur sportif – appellation contrôlée – avait un aspect technique qui me plaisait bien, mais je devais aussi apporter toute mon expérience aux joueurs ; je devais leur parler, m'occuper d'eux, faire le lien entre eux et le président, sorte de Jean-Pierre Bernès mais avec un gros passé de joueur. Puis Labrune était moins interventionniste que Tapie, ce dernier étant inégalable sur ce plan. En clair, j'étais directeur sportif, mais il ne fallait surtout pas le dire ! Car si j'ai été bien accueilli, il régnait une ambiance pour le moins délétère au sein du club. Louis Acariès[12] Rolland Courbis et José Anigo n'étaient pas mes amis et ne roulaient pas pour Labrune. Sans compter la réprobation de Pape. Quand j'ai pris mes fonctions, l'entraîneur espagnol Michel, un ancien grand joueur du Real Madrid, était en place. On se connaissait ; on avait dû jouer jadis l'un contre l'autre en équipe nationale. Mais un soir, dans les vestiaires de Bastia où avait joué l'OM, il a hurlé devant les joueurs : « *Club de mierda* ! Je me casse ! » J'étais dans le couloir et j'ai tout entendu. Je n'aime pas qu'on s'attaque à l'institution OM, et quand on en est amené à dire des trucs pareils, c'est qu'on n'y est plus. Je trouvais déjà ses choix de joueurs très discutables et je n'étais certes pas le seul en interne ; il a été démis de ses fonctions peu de temps après. Sûr que la saison fut compliquée ; je la terminerai avec Frank Passi, qui fut

12. L'ancien célèbre boxeur, champion d'Europe des poids moyens au début des années 1980, avait conseillé à Robert-Louis Dreyfus de placer Pape Diouf à la présidence ; José Anigo, ancien joueur de l'OM, a été directeur du centre de formation, entraîneur, directeur sportif et recruteur en Afrique. Il a été officiellement licencié le 28 octobre 2016.

adjoint de quatre entraîneurs différents à l'OM avant d'y être numéro un ; il ne fera pas long feu. Pendant ce temps, mon club, en proie à de graves difficultés financières, se cherchait un acheteur. Ce sera l'américain Frank McCourt qui posa sur la table un projet nommé OM Champions Project, de l'argent et un nouveau président : Jacques-Henry Eyraud, à la place de Vincent Labrune ; une tête. Les deux ont un sacré curriculum. Le premier est un milliardaire américain qui a fait fortune dans l'immobilier ; il était propriétaire de la franchise baseball des Dodgers de Los Angeles ; le deuxième, qui est allé le chercher, a fait Sciences Po, Harvard, fut directeur de la com' chez Euro Disney, cofondateur avec Patrick Chêne, ancien journaliste de *L'Équipe*, de Sporever, un groupe de production et d'édition multimédia, et actionnaire principal de Turf Éditions. Tous ces chamboulements à courte échéance ne me donnaient pas envie de rester. Après tout, j'appartenais à l'équipe Labrune...

D'autant que l'avis de Bernard Tapie, toujours vivace pour les médias dès qu'il s'agissait de l'OM et qui en connaissait tout de même un rayon, ayant en outre redécouvert les nouvelles mœurs du football du temps de la présidence de Louis-Dreyfus, ne baignait pas dans un optimisme béat. Il avait fait une annonce de ce genre : « McCourt met 200 ME sur la table ; c'est juste pour se maintenir ? Ou alors si c'est pour viser une place dans les cinq premiers ; il verra bien vite que ça ne sera pas assez. Il ne sait pas combien ça coûte, un joueur ! » De quoi me faire réfléchir à deux fois.

Sauf que j'avais reçu un coup de fil de Maître Poulmère, avocat fiduciaire bien connu des footballeurs. Il m'avait demandé ce que je devenais dans ce contexte, m'avait dit que je ne pouvais pas partir comme ça, que j'étais emblématique et qu'on pourrait bien me trouver quelque chose au club. Je lui avais répondu que j'avais un projet qui me tenait à cœur. Il m'a aussitôt proposé de me faire rencontrer, à Paris, Jacques-Henry et McCourt. Ce projet, qui verra le jour après la publication de ce livre, c'est la création d'un centre de formation, la Basile Boli Academy à Noyon, au nord de Compiègne. Il a beaucoup intéressé mes deux interlocuteurs, séduits par les interactions Afrique-Marseille, l'une des idées phares étant de surfer sur la fibre olympienne qui existe déjà de l'autre côté de la Méditerranée. Du coup, j'ai pu dès lors beaucoup voyager en compagnie de Jacques-Henry ; au Sénégal, au Gabon, en Côte d'Ivoire bien sûr, en Tunisie, en Algérie… Il a été agréablement surpris par l'engouement, là-bas, pour l'OM, pour qui, selon lui, c'était une véritable valeur ajoutée. Par conséquent, cette volonté de développer l'image de l'OM dans le monde entier les a amenés, sur ma proposition, à me bombarder ambassadeur du club, ce que je suis encore aujourd'hui. Mes nouvelles prérogatives m'avaient amené, dès Labrune, à réfléchir à un musée pour l'OM, car il me semblait inimaginable qu'un club aussi populaire que le mien ne soit pas doté de ce formidable outil qui fait également la renommée d'un Barça ou d'un Real Madrid. Cette idée me plaisait, je la trouvais cohérente venant de quelqu'un qui connaissait très bien le club ; je savais vendre, je savais chercher et trouver des fonds, mais ça n'était pas la priorité de McCourt qui avait d'autres objectifs plus précis et à plus court terme. Et comme l'OM n'est pas, contrairement à ce que l'on croit, complètement maître de son propre stade, l'idée du musée a été abandonnée laissant la place à un OM Stadium Tour, plus dans l'air du temps et moins coûteux. O.K., je suis dans sa *playlist* !

21

Douloureux rapprochement

Le Boss aura vraiment vécu plusieurs vies. Outre son retour provisoire aux affaires marseillaises, outre sa reprise du quotidien *Le Provençal*, le cinéma ou les planches satisfaisaient pleinement un ego à jamais vivace. Et il n'est pas étonnant qu'une bonne partie de lui-même s'y soit exposée. Les metteurs en scène et les critiques ont tous affirmé qu'il était un comédien (ah ça !) instinctif avec le sens de la repartie et un vrai souci collectif. J'avais lu que son pygmalion et producteur du genre, Philippe Hersen, disait même que, sur scène, il avait l'impression qu'il gérait les autres et qu'il manageait comme un club de foot. Que voulez-vous, on ne se refait jamais complètement, et pour ce qui est de *driver* des joueurs, des gens ou une foule, le Boss se posait un peu là ! Comment ne pas faire le rapprochement ? Acteur, il a toujours été, avec la part de manipulation qui va forcément avec. Je suis allé le voir trois fois au théâtre, à Paris. Je lui rendais visite dans sa loge avant les trois coups et on dînait ensemble après. Dans les pièces où il jouait, je retrouvais chaque fois des morceaux de lui-même. Quel personnage ! Dans *Vol au-dessus d'un nid de coucou*, il arrivait sur scène les mains menottées ! Cherchez l'erreur. Dans *Un beau salaud*, il campait un type cynique, de mauvaise foi et malhonnête. Et dans *Oscar*, célébrissime grâce à Louis de Funès, au théâtre comme au cinéma, avec le droit de regard qu'il avait obtenu sur le texte, en compagnie de sa fille Sophie qui jouait elle aussi – il aimait cette proximité familiale –, il s'était permis de régler quelques comptes en trafiquant les noms de famille pour y accoler plus ou moins ceux de ses accusateurs politiques… Une habile bête de scène qui aurait pu jouer quatre heures durant !

Les gens qui vinrent le voir, comme moi, au théâtre avaient envie, quelque part, de retrouver le Tapie qu'ils avaient connu dans le passé, le génial bateleur qui animait l'émission *Ambitions*, celui qui avait laminé Jean-Marie Le Pen lors d'un célèbre duel télévisé, celui qui avait amené Marseille à devenir le premier – et le seul – champion d'Europe du football français, celui, aussi, qui jurait sur la Bible ou presque qu'il n'était pour rien dans l'affaire VA-OM. Enfin, on venait voir un mec qui se relevait de tout, extraordinaire phœnix renaissant de ses cendres, oiseau de feu au démentiel plumage. Quoi qu'on en pense, cette faculté-là forçait l'admiration. Celle des spectateurs mais pas toujours celle de la profession, tant s'en faut, qui s'insurgeait contre ce parasite certes pas sorti du cours Florent. Ils ne voyaient en lui qu'un ancien prédateur tentant de se racheter de ses fautes en mettant sur « leurs » planches les gens dans sa poche. Comme disait l'autre, avec Tapie, ce n'était jamais tiède. Soit on le détestait, soit on l'adorait. Ça fait bien longtemps que j'avais choisi mon camp, moi qui l'ai détesté, moi qui l'ai adoré. De toute façon, dans tous les métiers, quand tu as du succès, tu es regardé de travers. Je l'ai expérimenté moi-même non seulement comme joueur, mais aussi comme producteur. Je suis un entrepreneur. Pour ça, j'ai bossé comme un fou, travaillé dans des domaines numériques que je ne connaissais pas, créé des boîtes de prod' et de communication. Ça n'a pas été facile ! Mais on me voit toujours comme un footballeur. Exemple : en 2011, j'ai été à l'origine et je fus le producteur via Basile Boli Évènements du documentaire de 52 minutes *C'est l'histoire d'un but…* qui a d'abord été diffusé sur France 3. Eh bien, pour les gens de la télé, ce n'était pas à moi de le faire. J'ai cependant choisi les cameramen, les lieux où filmer et comment, comme le font les gens du sérail. Mais à l'époque, il était mal vu par ceux de la profession que ce soit un footballeur qui *drive* tout cela. J'ai dû me battre contre mais, à l'arrivée, je ne suis pas certain que quelqu'un d'autre que moi aurait pu faire venir les Deschamps, Waddle, Pardo, Papin, Di Meco, Barthez, l'inénarrable Raymond Goethals et, *last but not least*, le Boss. Pas de doute, il était plus facile pour eux de balancer des anecdotes devant moi que devant un journaliste. Et il va de soi que j'avais la thématique du film chevillée au corps et à l'âme : comment était-on arrivé jusqu'à mon but en finale de Coupe d'Europe ?

L'un des points cruciaux du film, c'est, à mon avis, l'analyse de Didier Deschamps : « Dans l'histoire du football français, il y a un avant-Munich et un après ! » C'est vrai et ce sera compliqué pour mon OM de retrouver le standing de ses années folles. Puis il y avait Bernard Tapie qui, grosso modo, s'attribuait tous les mérites du parcours, insistant bien sur le fait que c'est lui qui m'avait empêché de sortir en première mi-temps de la finale, tel un psychiatre débordant de son divan. Tel qu'en lui-même, quoi… Mais je voulais que Tapie fasse du Tapie, et j'ai été servi ! Il a refait l'histoire à sa sauce, mais c'était du Nanard. Deux millions de personnes ont vu ce docu qui passe toujours, et je suis fier de ce bébé-là. C'est plus, en définitive, que le nombre d'entrées qu'a fait un film pourtant très touchant et très juste dans lequel j'ai eu un petit rôle mais ô combien édifiant, *Marseille*, de Kad Merad, joué par lui-même, avec Patrick Bosso comme régional de l'étape. Kad adore la ville, il peut puisque la mère de son fils est marseillaise et qu'il y a une maison. Je trouve qu'il l'a montrée un peu comme je montre mon OM : dans ses aspects les plus sympas. Ma petite scène ? Mon apparition dans la chambre d'hôpital du grand-père amnésique est censée lui rendre la mémoire. J'y mime mon coup de tête victorieux à Munich ! C'est vous dire ce que ce but peut représenter, même dans la tête d'un metteur en scène ! J'ai tourné également dans un épisode de *Plus belle la vie*, dont l'éternelle toile de fond est, comme chacun sait, Marseille. Mais rien à voir avec *Hommes, femmes : mode d'emploi* de Claude Lelouch, où Tapie avait un des rôles principaux – il y campait, c'est drôle, un homme d'affaires sans scrupule, décidément… –, ni avec ses pièces de théâtre où il régnait en maître.

Hélas. Quand son cancer a commencé à le ronger quelques années plus tard, il ne faisait plus du Nanard, non. Finies les comédies. Place à la réalité la plus cruelle. Et c'est à partir de sa maladie que j'ai découvert un homme complètement différent de celui que j'avais connu, plus sensible aux choses de la vie, plus accroché à sa femme et à ses enfants. J'ai vu une véritable humanité chez un homme revenant sur les détails de son passé d'une manière complètement différente. Cela a beaucoup joué dans notre relation. Là-dessus, j'ai eu la douleur de perdre mes deux parents assez rapidement et mon rapprochement avec Bernard s'est fait naturellement. J'ai essayé d'importer pour lui de ma Côte d'Ivoire la plus profonde toute la chaleur et la sensibilité dont j'étais capable. C'était important pour moi aussi. Son combat était admirable. D'autres que moi en ont très bien parlé encore ce matin à La Major. Pourtant, sur la fin, dans son appartement parisien, il m'a demandé deux choses que je lui ai refusées. D'aller défendre sa cause à la télévision quand son ancien attaché parlementaire Marc Fratani a sorti son livre à charge contre lui. Puis surtout, il y a eu cette supplique – il avait attendu que sa fille, Sophie, sorte de sa chambre pour me demander : « Base, tu dois me faire une grande interview

en disant que je vais me battre encore pendant cinq ans. »
Trois semaines plus tard, Sophie m'annonçait la plus terrible des nouvelles.

22

Ballons de rêve

Deux ballons s'agitent et frissonnent doucement devant moi, sous une légère brise. Sur l'un est écrit en énorme « Panasonic » en bleu sur fond blanc, du nom de notre sponsor principal des années folles ; sur l'autre apparaît, gigantesque, le visage de Bernard Tapie façon pop art, à la Andy Warhol. Ce sont deux montgolfières. Le temps est radieux. À l'intérieur de la première s'agite « Museau » : Alain Soultanian, notre kiné de toujours. Il s'occupe des brûleurs. Dans l'autre, c'est Jean-Pierre Bernès, qui se démène lui aussi. Je monte dans la première. Aussitôt, c'est le lent décollage, majestueux, à la verticale mais silencieux. Le ciel est aussi bleu que l'OM. À nos côtés, le « Tapie » fait de même. Sublime sensation. Je ne sais pas d'où nous sommes partis, mais je reconnais bien vite des paysages familiers et c'est grisant : Notre-Dame-de-la-Garde, La Major, où j'étais ce matin, les bateaux sagement alignés du Vieux-Port avec, au bout, la silhouette grise et rectangulaire du Mucem, le Musée des civilisations de l'Europe et de la Méditerranée, le château d'If... Telle une photo aérienne, la ville est vraiment merveilleuse vue d'en haut. Mais voilà que nous descendons doucement. Alain sourit : il est le pilote qui sait où il veut me poser. Tel un écho mobile, l'autre ballon épouse à son tour notre trajectoire.

On se pose plus à l'ouest comme une fleur au beau milieu d'un stade où des centaines de gamins crient à l'unisson : « Boli, Boli ! » Le terrain où nous atterrissons me paraît en meilleur état que celui du Romainville de mon enfance. Dans le 9-3. Pas le 1-3... À peine ai-je enjambé la nacelle pour poser le pied, un homme ceint d'une écharpe multicolore m'accueille : « Bienvenue aux Pennes-Mirabeau dans VOTRE stade : le stade Basile Boli ! » Applaudissements nourris. Et moi qui croyais qu'un monument ou autre ne portait votre nom qu'*ad patres* ! Une onde de fierté me parcourt pendant que des larmes coulent jusque sur le museau de « Museau ». Il est si sensible... De savoir que des centaines de jeunes footballeurs s'y entraîneront et y joueront désormais me donne une sensation de plénitude. Je tape dans le ballon, je cours, je leur fais des passes, je joue avec eux ; je suis heureux.

À la buvette, l'accueil est vraiment exceptionnel et drôle :

« Eh Base, tu bois un jaune avec nous ?
– Oh, c'est vrai que Tapie, il t'a vu caguer ?

– Eh jobastre ! Il l'a vu surtout mettre son coup de boule, fatche de con ! »

Mais déjà nous repartons, toujours suivis et sans un bruit par l'autre ballon.

Cette fois, je suis dans l'autre nacelle avec Jean-Pierre Bernès, ne me demandez pas comment je suis passé de l'une à l'autre. Le voyage est de très courte durée. Nous revoilà à Marseille, au pied de la résidence ultramoderne de la Cadenelle : d'où l'on peut voir la plage du Prado, même par temps non clair. À l'intérieur d'un appartement de grand standing, deux hommes échangent des mots. Mon Kaiser Franz est là, élégant, comme d'habitude, dans son costume aux couleurs de l'OM. Il porterait une peau de bête qu'il garderait sa classe naturelle. Son visage est concentré, tendu, un peu crispé, dirait-on. Face à lui se trouve Rolland Courbis, alors entraîneur de Toulon, qui mouline des bras tel un sémaphore. Rien ne m'a jamais étonné de la part du Boss et c'était un grand classique de sa part que d'appeler une dizaine de coaches avant un match important pour faire une sorte de synthèse et mieux préparer tactiquement l'événement. Ça ne plaisait pas toujours à l'entraîneur en place. Je me souviens de la tête dépitée de Raymond Goethals quand Tapie avait sorti de son chapeau Tomislav Ivic pour le lui brandir sous le nez. L'entraîneur croate avait été chargé par le Boss de préparer des topos sur le Milan AC avant la finale de Munich… Réunir dix avis pour n'en faire qu'un, c'était bien une sauce à la Tapie, mais je ne suis quand même pas sûr que Courbis ait pu apprendre quoi que ce soit à un champion du monde, l'un des plus grands joueurs de la planète ; une de mes idoles absolues, on le sait. C'était avant un Monaco-Marseille, et le Boss craignait l'équipe de la Principauté, entraînée par Arsène Wenger. Face à Beckenbauer, Courbis, dont le rêve de toujours était d'entraîner l'OM, ce qu'il fera sept ans plus tard, brasse toujours le vent. La faconde méridionale face au flegme germain avec traduction entre les deux de l'adjoint de Beckenbauer, Holger Osiek. Il a dû y avoir de la déperdition de sens au passage… Mais Driiiinnng ! Le téléphone sonne. Dans le combiné, je reconnais cette voix à l'accent si parigot : c'est le Boss qui s'enquiert de savoir si le tête-à-tête qu'il désirait si ardemment a bien lieu. Il aura donc toutes les audaces ! Surveiller sa majesté le Kaiser comme un vulgaire petit subalterne… Franz ribouldingue des yeux ; Bernès et moi, on rigole avant de regrimper dans notre ballon. Au fait : l'OM gagnera à Monaco 3-1. Bravo Nanard, bravo Rolland !

En douceur, les deux montgolfières s'envolent de concert. À bord, je n'entends toujours rien. L'irréel silence des rêves. Le voyage est cette fois bien plus long. Nous volons doucement au-dessus du Rhône, du Morvan et de sa Roche Percée, de l'Yonne. En contrebas, sur l'un des terrains d'entraînement de l'AJ Auxerre, j'aperçois Guy Roux qui me fait des signes, le pouce levé. Pas de doute, je refais le voyage vers Paris, quand j'allais signer à l'OM.

D'ailleurs, après avoir laissé les vignobles de Chablis derrière nous et à hauteur du péage de Fleury-en-Bière, nous entamons notre descente, évitons les fils à haute tension comme par magie et nous posons près de l'arc de Triomphe au beau milieu de l'avenue de Friedland, déserte. C'est beau Paris, sans voiture, sans personne ; un rêve…

Comme jadis, la porte du bureau du Boss est ouverte mais, cette fois, je ne me gêne pas pour y entrer. Ses plafonds me paraissent plus hauts que jamais, vertigineux. Bernès me suit. Tapie est ahuri.

« Monsieur Boli, Jean-Pierre, qu'est-ce que vous venez foutre ici ?
– Bernard, Basile a une requête à formuler…
– Et c'est ?
– Nos primes. Ma prime.
– Les primes de quoi ?
– Celles que vous nous avez promises après la finale de la Ligue des champions. Vous nous aviez chanté ça déjà en 1991. Il avait fallu souquer ferme pour les obtenir. Je m'étais même mis plus de la moitié de l'équipe à dos, tellement elle vous craignait. Vous nous disiez sans arrêt : vous êtes payés pour gagner, pas pour jouer. Sauf que, là, on a gagné ! Alors j'attends. Chaque fois que j'en parlais à Bernès ici présent, il me répondait : « le mois prochain ». Alors, de guerre lasse, j'ai pris le premier ballon qui passait et me voilà.
– Tu crois vraiment que c'est le moment ?
– Avec vous, ça n'est jamais le moment. Mais regardez donc la montgolfière dehors avec votre portrait en grand… Vous voyez, je vous aime quand même ! »

J'ai bien fait d'insister. J'ai obtenu ce que je voulais PLUS, j'en mettrais ma main à couper, une forme d'admiration du Boss qui aime qu'on lui résiste et déteste, dans le fond, les loosers. C'est ainsi que JPP, Didier Deschamps et moi-même avons su gagner son estime. Là-dessus : hop dans le ballon !

« On va où, Jean-Pierre ?
– On retourne à la maison. »

Le mistral nous pousse, mais tout devient noir et blanc. J'ai la sensation étrange d'avoir remonté le temps plus en arrière encore. Le vent qui souffle fait trembler à présent les deux enveloppes remplies d'hélium qui se sont affalées au centre du stade Vélodrome, ancienne formule. Avec ce qui reste de sa piste cyclable sur laquelle les gens prenaient place les jours de grands matches, ses deux virages découverts et ses deux tribunes, Gustave-Ganay et Jean-Bouin, qui se font face.

Si tout était vraiment vrai, je devrais avoir 4 ans, mais j'ai mon âge, alors que le type souriant qui vient vers moi a lui le visage des photos de son époque dans *Les Cahiers de l'Équipe*, incontournable bible annuelle attendue avec ferveur par tous les allumés du ballon rond, avec tous les joueurs de chaque club, leur taille, leur poids, leur date et lieu de naissance, etc., sans oublier le récit de la saison écoulée. Avant les vignettes Panini, c'était ça, le graal du foot. Soudain :

« Salut au héros de Munich !
– Josip Skoblar ! »

Oui, j'avais 4 ans et j'étais encore en Côte d'Ivoire lorsque ses exploits franchissaient la Méditerranée. L'Aigle dalmate ! Le plus grand attaquant de l'histoire de l'OM avant l'avènement de JPP. Champion de France avec l'OM en 1971 et en 1972 ; troisième meilleur buteur du club avec 176 buts, derrière Gunnar Andersson (194) et Jean-Pierre Papin (182), mais avec un ratio bien supérieur compte tenu du moindre nombre de matches qu'il a disputés. Meilleur buteur – record toujours à battre sur une saison – en 1971 avec 44 buts marqués. Et il faut voir comment ! Je m'en suis régalé, de ces vieilles images TV, le montrant frapper de loin ou de près, du droit, du gauche – de l'intérieur du pied et de l'extérieur – et de la tête, dans toutes les positions ; un JPP avant la lettre en peut-être encore plus technique. Ce dernier avait son Angliche Chris Waddle comme lieutenant pourvoyeur ; Josip avait son Suédois Roger Magnusson, sorcier du dribble – extérieur droit très court, toujours le même, et ça marchait à chaque fois – qui lui délivrait des centres aussi précis que des fléchettes en plein centre rouge de la cible. Tout Marseille bade encore son Croate chéri, qui a passé plus tard pas mal d'années à s'occuper du recrutement étranger de l'OM. Le voilà qui me tend la main et me dit :

« On n'occupait pas le même poste mais, comme toi, j'étais obsédé par une chose : faire carrière.
– Vous étiez quand même au départ nettement plus doué que moi !
– Bah, je n'aurais pas aimé t'avoir comme adversaire direct, sur mon dos ! Peut-être que je t'aurais fait ce que j'ai fait à

Domenech ? Un jour, je lui ai retourné une droite, il était en sang ! Mais je pense que tu étais plus correct que lui… Et puis moi, je suis arrivé un peu par hasard à l'OM, alors que, toi, tu as été choisi par ton président ! Mais ce qui était très important à l'OM, c'était de séduire dès son premier match et je crois que, toi comme moi, c'est ce qu'on a su faire. Ton Munich à toi, pour moi, ce fut le doublé Coupe-Championnat en 1972. On avait battu Bastia en finale de la Coupe dans le nouveau Parc des Princes qu'on inaugurait. J'ai marqué sur un centre de Roger après dix dribbles de sa part ! Devant Georges Pompidou et Gaston Deferre. Notre retour à Marseille fut inoubliable ! Quelle ville sait mieux remercier ses héros ? Le bus qui nous menait du stade à la mairie devait se frayer un chemin au milieu d'une foule en liesse. Il était même secoué de toute part ! »

Il m'envoie un ballon ; je lui rends à la volée, il jongle, tête, pied gauche, pied droit… : « À toi ! »

Je trébuche en arrière et me casse à moitié la figure. Une secousse, soudain, m'éjecte de mon rêve bleu.

« Vous êtes arrivés à Paris Gare de Lyon, terminus du train. Tous les voyageurs descendent de voiture. Assurez-vous de ne rien avoir oublié dans le train. »

Oups. Je m'étais bien endormi ! Je dois être le dernier à sortir. Dehors, il fait nuit. Dans ma tête, décidément non, Tapie n'est pas mort.

Épilogue

Rentré chez moi, encore marqué par tout ce que j'avais revécu, ressenti et même rêvé dans la même journée, j'ai téléphoné à Jean-Marie. Nous avions un projet tous les deux et là, soudain, sa clarté me sautait aux yeux.

« Salut, c'est Base. On fait le bouquin !
– O.K. Super. Sous quel angle ?
– Celui de mes souvenirs, des joies que j'ai pu connaître à l'OM durant mes quatre saisons, du relationnel avec Tapie, de la ville, de son ambiance, tu vois le truc ?
– Ce ne sera donc pas exhaustif ? Ça n'est pas une thèse sur la façon dont vous êtes arrivés au sommet, pas plus qu'une étude de Tapie et de ses méthodes ?
– Non. Il en sera forcément question, mais je ne parlerai que de ce qui m'est revenu trente ans plus tard. Avec le recul, on ne garde que le meilleur ou presque. Au fait, je te

rejoindrai à Furiani pour la commémoration des trente ans de la catastrophe.
– Merci pour tout ça, Basile. »

Je ne pouvais pas imaginer quelqu'un d'autre que Jean-Marie pour écrire ce livre avec moi, tellement ce qui nous est arrivé à Bastia le 5 mai 1992 nous a rapprochés. C'était une évidence. On se connaissait depuis un reportage qu'il avait écrit durant un stage hivernal avec Auxerre à Prémanon, dans le Jura. On avait chaussé des skis de fond ; on était tombé dans la poudreuse… J'avais 17 ans… Il a couvert ensuite l'OM du temps de Tapie et surtout de ses adversaires. Ils ne sont plus si nombreux que cela, les journalistes qui ont connu de près cette période, ses joueurs, ses dirigeants, et j'ajoute que lui et moi avons la même sensibilité, les mêmes larmes, les mêmes rires, le même regard. Ça aide.

Je n'ai pas voulu démontrer à travers ce bouquin que Tapie était un mec exceptionnel. Ce qui m'a surtout intéressé, c'était de raconter comment les choses se passaient à l'OM et autour, dans une époque aujourd'hui révolue. Et si la mentalité des anciens me surprenait lorsqu'on venait à m'en parler quand j'étais jeune, via mon père ou Guy Roux, j'ai le sentiment qu'il en ira de même pour ceux qui nous liront ! Je ne dis pas que c'était mieux avant, du temps des Claude Bez, Louis Nicollin, Bernard Tapie, Francis Borelli, Jean-Luc Lagardère ou Carlo Molinari. Je dis juste que ce genre de personnage, bien de son temps, n'existe plus. J'ai eu la « chance » de vivre cette période faste – où l'on craignait dégun, con ! – et d'amener avec d'autres, avec nos qualités et nos défauts, une ville géniale au sommet de l'Europe. Je ne vis pas dans le passé ; je ne saoule pas mes enfants avec ça, bien au contraire ; j'évite de leur raconter les difficultés que j'ai pu connaître dans le métier. Ils se feront une idée, comme d'autres, en lisant ici mes aventures, parfois délirantes, il faut bien le reconnaître… Mais si les temps ont changé, Marseille reste la ville où « il y a une telle pénétration du football dans toutes les structures, aussi bien politique, économique, industrielle, sociale que culturelle, que chaque Marseillais se sent propriétaire de l'OM. C'est ce qui me surprendra toujours. Quand il y a trente mille spectateurs au stade, on compte autant de sélectionneurs ». C'est ce que disait son président, c'est ce que j'ai ressenti durant mes quatre saisons passées là-bas et ça reste vrai aujourd'hui. Manque juste un Tapie. En plus… comment dire ? En moins…

Remerciements

Je remercie infiniment ma famille.

Nous avons été aidés dans la précision, voire la résurrection de quelques souvenirs par :

Thierry Agnello, Mario Albano, Patrice Angosto, Christian Arcamone, Avi Assouly, Bernard Casoni, Jean-Paul Delhoume, Eric Di Meco, Patrice Mucci, Pascal Olmeta, Bernard Pardo, Alain Soultanian, Jean-Max Trouillet, Louis Vassallucci, Monique Venturini.

Qu'ils (et qu'elle) en soient remerciés.